하루 4자, 25일 완성

7급

급수한자

따라쓰기

글쓴이 신경식

대학교에서 중문학을 전공하고 숭실대학교 대학원에서 중어중문학과 석사 과정을 수료했습니다.
2005년부터 한자·중국어 교실을 운영하며 아이들에게 노래와 게임으로 한자를 가르쳤으며, 요즘은
지역아동센터, 작은 도서관, 초등학교 등에서 '한자 이야기'를 주제로 교육자원봉사를 하고 있습니다.
초등학생인 막내딸 세은이와 같이 한자를 공부하며 또래 아이들이 좀 더 쉽고 재미있게 한자를 배우
길 바라는 마음으로 이 책을 만들었습니다. 쓴 책으로《개념 잡는 초등교과 어휘사전》《8급 급수한자
따라쓰기》가 있습니다.

그린이 우지현

도서관과 숲을 좋아합니다. 그린 책으로《개념 잡는 초등한자 사전》《개념 잡는 초등한국사 사전》《개
념 잡는 초등교과 어휘사전》《8급 급수한자 따라쓰기》《한자 대왕 수리온》《논술은 밥이다》《13세부
터 읽는 논리 노트》《무서운 에너지 고마운 에너지》《경복궁에서 만나는 우리 과학》등이 있습니다.

하루 4자, 25일 완성
7급 급수한자 따라쓰기

1판 1쇄 인쇄 | 2019. 12. 12.
1판 1쇄 발행 | 2019. 12. 19.

신경식 글 | 우지현 그림

발행처 김영사
발행인 고세규
편집 박지현 본문디자인 뭉클 표지디자인 김민혜 홍윤정
등록번호 제 406-2003-036호
등록일자 1979. 5. 17.
주   소 경기도 파주시 문발로 197(우10881)
전   화 마케팅부 031-955-3100 편집부 031-955-3113~20
팩   스 031-955-3111

값은 표지에 있습니다.
ISBN 978-89-349-9988-1 63700

좋은 독자가 좋은 책을 만듭니다. 김영사는 독자 여러분의 의견에 항상 귀 기울이고 있습니다.
독자의견전화 031-955-3139 | 전자우편 book@gimmyoung.com
홈페이지 www.gimmyoungjr.com | 어린이들의 책놀이터 cafe.naver.com/gimmyoungjr

어린이제품 안전특별법에 의한 표시사항
제품명 도서 제조년월일 2019년 12월 19일 제조사명 김영사 주소 10881 경기도 파주시 문발로 197
전화번호 031-955-3100 제조국명 대한민국 ⚠주의 책 모서리에 찍히거나 책장에 베이지 않게 조심하세요.

하루 4자, 25일 완성

중국어 발음도 함께 외워요!

7급 급수한자 따라쓰기

신경식 글 | 우지현 그림

주니어김영사

한자능력검정시험 안내

1. 한자능력검정시험이란?

사단법인 한국어문회가 주관하고 한국한자능력검정회가 시행하는 한자 활용능력시험으로 어린이부터 성인까지 누구나 응시 가능합니다. 1992년 12월 9일 1회 시험이 시작되었고 2001년부터는 교육급수(4급~8급)와 공인급수(특급~3급Ⅱ)로 나누어 치러지고 있습니다.

2. 한자능력검정시험에 합격하면 좋은 점은?

- 특급~3급Ⅱ 시험에 합격하면 국가자격 취득자와 동등한 대우를 받습니다.
- 대학 입학 수시 모집과 특기자 전형에 지원할 수 있으며, 대입 면접 시 가산점을 받을 수 있습니다.
- 대학의 정한 바에 따라 학점 반영, 졸업 인증에 반영됩니다.
- 공공 기관이나 기업체 입사, 승진, 인사 고과 등에도 반영됩니다.

3. 한자능력검정시험 급수 배정

급수		읽기	쓰기	수준 및 특성
공인급수	특급	5,978	3,500	국한 혼용 고전을 불편 없이 읽고, 연구할 수 있는 수준, 고급
	특급Ⅱ	4,918	2,355	국한 혼용 고전을 불편 없이 읽고, 연구할 수 있는 수준, 중급
	1급	3,500	2,005	국한 혼용 고전을 불편 없이 읽고, 연구할 수 있는 수준, 초급
	2급	2,355	1,817	상용한자를 활용하는 것은 물론 인명지명용 기초 한자 활용 단계
	3급	1,817	1,000	고급 상용한자 활용의 중급 단계
	3급Ⅱ	1,500	750	고급 상용한자 활용의 초급 단계
교육급수	4급	1,000	500	중급 상용한자 활용의 고급 단계
	4급Ⅱ	750	400	중급 상용한자 활용의 중급 단계
	5급	500	300	중급 상용한자 활용의 초급 단계
	5급Ⅱ	400	225	중급 상용한자 활용의 초급 단계
	6급	300	150	기초 상용한자 활용의 고급 단계
	6급Ⅱ	225	50	기초 상용한자 활용의 중급 단계
	7급	150	0	기초 상용한자 활용의 초급 단계
	7급Ⅱ	100	0	기초 상용한자 활용의 초급 단계
	8급	50	0	한자 학습 동기 부여를 위한 급수

4. 한자능력검정시험 8~7급 출제 기준

급수	총 문항 수	읽기 배정 한자	쓰기 배정 한자	독음	훈·음	반의어	완성형	반의어	필순	합격 문항 수	시험 시간
7급	70문항	150자	없음	32문항	30문항	2문항	2문항	2문항	2문항	49문항	50분
7급Ⅱ	60문항	100자	없음	22문항	30문항	2문항	2문항	2문항	2문항	42문항	50분
8급	50문항	50자	없음	24문항	24문항	없음	없음	없음	2문항	35문항	50분

※ 상위급수 한자는 모두 하위급수 한자를 포함하고 있습니다.
※ 자세한 사항은 한국어문회 홈페이지(www.hanja.re.kr)를 참조하세요.

天	地	自*	然	花	草	植	物*	川	江*
하늘 천	땅 지	스스로 자	그럴 연	꽃 화	풀 초	심을 식	물건 물	내 천	강 강
海*	林	動*	色	每*	來	時*	間*	午*	夕
바다 해	수풀 림	움직일 동	빛 색	매양 매	올 래	때 시	사이 간	낮 오	저녁 석
上*	下*	左	右*	前*	後*	出	入	市*	場*
윗 상	아래 하	왼 좌	오른 우	앞 전	뒤 후	날 출	들 입	저자 시	마당 장
住	所	內*	農*	洞	里	方*	邑	村	主
살 주	바 소	안 내	농사 농	골 동 밝을 통	마을 리	모 방	고을 읍	마을 촌	주인/임금 주
手*	足*	口	面	力*	男*	老	少	祖	子*
손 수	발 족	입 구	낯 면	힘 력	사내 남	늙을 로	적을 소	할아비 조	아들 자
孝*	道*	心	家*	命	話*	便	安*	姓*	名*
효도 효	길 도	마음 심	집 가	목숨 명	말씀 화	편할 편 똥오줌 변	편안 안	성 성	이름 명
算	數	百	千	工*	夫	問	答*	文	字
셈 산	셈 수	일백 백	일천 천	장인 공	지아비 부	물을 문	대답 답	글월 문	글자 자
漢*	語	育	休	登	記*	歌	紙	正*	直*
한수/한나라 한	말씀 어	기를 육	쉴 휴	오를 등	기록할 기	노래 가	종이 지	바를 정	곧을 직
世*	事*	空*	氣*	立*	電*	食*	車*	不*	重
인간 세	일 사	빌 공	기운 기	설 립	번개 전	밥/먹을 식	수레 거 수레 차	아닐 불 아닐 부	무거울 중
同	活*	旗	有	平*	全*	春	夏	秋	冬
한가지 동	살 활	기 기	있을 유	평평할 평	온전 전	봄 춘	여름 하	가을 추	겨울 동

※ *표시는 7급II 한자입니다.

이 책의 구성과 특징

하루 4자씩, 25일에 7급 한자 끝내기!
하루에 4자씩 따라 쓰며 익히고, 5일마다 공부한 한자를 복습할 수 있도록 구성했어요.

한자의 훈과 음
한국어문회 주관 한자능력검정시험에서 정한 훈과 음을 표기했어요.

중국어 발음
중국어 발음 부호인 한어병음을 같이 표기해 중국어 발음도 익힐 수 있어요.

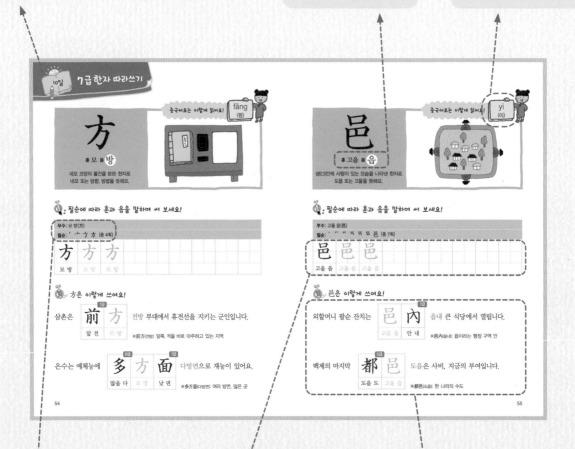

부수와 필순
한자를 이루는 글자이자 뜻을 나타내는 '부수'와 한자를 바르게 따라 쓸 수 있도록 '필순'을 표기했어요.

한자 따라 쓰기
훈과 음을 소리 내어 읽으며 또박또박 따라 쓰면서 한자의 모양, 훈과 음을 익혀요.

어휘와 활용 문장
어휘와 활용 문장을 읽고 쓰면서 한자 공부의 가장 중요한 부분인 어휘력과 독해력을 높여요.

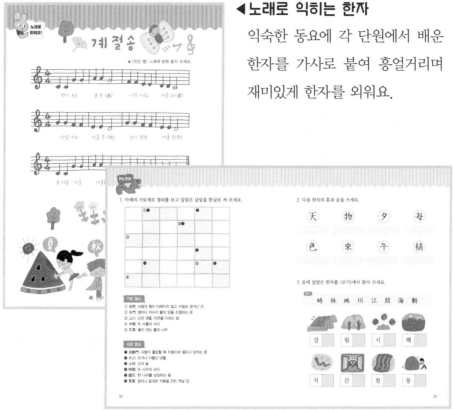

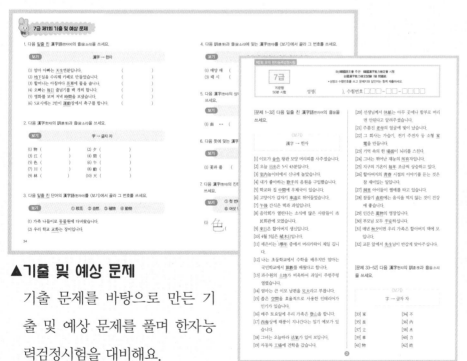

◀ 노래로 익히는 한자

익숙한 동요에 각 단원에서 배운 한자를 가사로 붙여 흥얼거리며 재미있게 한자를 외워요.

◀▲ 놀이를 통해 배워요

사다리 타기, 주사위 게임, 낱말 퍼즐 등 다양한 놀이를 통해 배운 한자를 복습해요.

◀ 모의시험

실제 시험과 똑같은 형태의 문제지와 답안지로 문제를 풀며 실전 감각을 익혀요.

▲ 기출 및 예상 문제

기출 문제를 바탕으로 만든 기출 및 예상 문제를 풀며 한자능력검정시험을 대비해요.

차례

1. 위에서 아래로 씁니다.

三 의 필순   一 二 三

2. 왼쪽에서 오른쪽으로 씁니다.

川 의 필순   丿 丿丨 川

3. 가로획을 먼저 쓰고 세로획을 나중에 씁니다.

大 의 필순   一 ナ 大

4. 가로획과 세로획이 만날 때에는 가로획을 먼저 씁니다.

十 의 필순   一 十

5. 좌우 대칭일 때는 가운데 획을 먼저 씁니다.

小 의 필순   亅 小 小

6. 몸(큰입구몸)을 먼저 씁니다.

國 의 필순   丨 冂 𠃍 冂 同 同 同 國 國 國 國

7. 글자 전체를 꿰뚫는 획은 마지막에 씁니다.

中 의 필순   丶 口 口 中

母 의 필순   乚 口 口 日 母

8. 삐침(丿)과 파임(乀)이 만날 때에는 삐침을 먼저 씁니다.

父 의 필순   丶 丷 少 父

9. 오른쪽 위의 점은 마지막에 씁니다.

代 의 필순   丿 亻 仁 代 代

10. 받침(辶, 廴)은 마지막에 씁니다.

近 의 필순   丿 亇 斤 斤 斤 近 近 近

建 의 필순   フ ㅋ ㅋ ㅋ ㅋ 聿 聿 律 建 建

자연, 시간

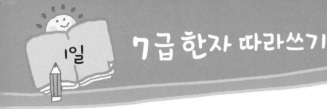

중국어로는 이렇게 읽어요!

tiān
(티엔)

天

훈 하늘 음 천

사람의 머리 꼭대기 위를 나타낸 한자로
하늘을 뜻해요.

 필순에 따라 훈과 음을 말하며 써 보세요!

부수: 큰 대(大)								
필순: 一 二 チ 天 (총 4획)								

天	天	天						
하늘 천	하늘 천	하늘 천						

 天은 이렇게 쓰여요!

비무장 지대는 야생 동물들의

天	國
하늘 천	나라 국

8급

천국입니다.

이 산 중턱에

天	然
하늘 천	그럴 연

7급

천연 샘물이 있다고 합니다.

※天然(천연): 사람의 힘이 들어가지 않은 상태

중국어로는 이렇게 읽어요!

di (띠)

地

훈 땅 음 지

뱀(也)이 땅(土)에서 기어가는 모습을
나타낸 한자예요.

 필순에 따라 훈과 음을 말하며 써 보세요!

부수: 흙 토(土)

필순: 一 十 土 圠 圤 地 (총 6획)

地	地	地			
땅 지	땅 지	땅 지			

 地는 이렇게 쓰여요!

아빠는 회사 일로

地	方 ⁷급
땅 지	모 방

지방 출장을 자주 가십니다.

※地方(지방): 서울 이외의 지역

地	名 ⁷급
땅 지	이름 명

지명으로 고장의 자연환경과 생활 모습을 짐작할 수 있습
니다.

※地名(지명): 마을이나 지방, 지역의 이름

自

훈 스스로 음 **자**

주름 있는 코 모양을 본뜬 한자로,
나를 가리킬 때 손가락으로 코를
가리킨다는 데서 나, 스스로를 뜻해요.

중국어로는 이렇게 읽어요!

zì
(쯔)

 필순에 따라 훈과 음을 말하며 써 보세요!

부수: 스스로 자(自)								
필순: ´ ㅓ ㅓ 自 自 自 (총 6획)								
自	自	自						
스스로 자	스스로 자	스스로 자						

 自는 이렇게 쓰여요!

어느 나라든

	8급
自	國
스스로 자	나라 국

자국 국민을 최우선으로 보호해야 합니다.

※自國(자국): 자기 나라

	7급	7급
自	立	心
스스로 자	설 립	마음 심

자립심을 키우는 첫걸음으로 책가방을 스스로 싸
는 일을 연습했습니다.

※自立心(자립심): 남의 힘을 빌리지 않고 스스로 서려는 마음가짐

중국어로는 이렇게 읽어요!

rán
(란)

然

훈 그럴 음 **연**

개(犬) 고기(肉)를 불(灬)에 구워 먹어야
제맛이라는 데서 그러하다는 뜻이에요.

 필순에 따라 훈과 음을 말하며 써 보세요!

부수: 연화발(灬)

필순: ⺁ ⺈ ⺈ ⺈ ⺈ ⺈ 外 然 然 然 然 然 然 (총 12획)

然	然	然						
그럴 연	그럴 연	그럴 연						

 然은 이렇게 쓰여요!

순천만 습지는  자연의 신비로움을 간직하고 있습니다.

自 7급 스스로 자 **然** 그럴 연

숭례문은 조금씩  본연의 모습을 되찾았습니다.

本 6급 근본 본 **然** 그럴 연

※ **本然**(본연): 원래 생긴 그대로의 모습이나 상태

15

중국어로는 이렇게 읽어요!

huā
(후아)

花

훈 꽃 음 **화**

나무에 핀 화려한 꽃을 나타내는 한자로
'華'에서 간단한 모양의 '花'가 되었어요.

 필순에 따라 훈과 음을 말하며 써 보세요!

부수: 초두머리(艹)

필순: ⼀ ⼗ ⼗ 艹 艹 花 花 花 (총 8획)

花	花	花					
꽃 화	꽃 화	꽃 화					

 花는 이렇게 쓰여요!

무더운 한여름이 연꽃의  개화 시기입니다.

6급
開	花
열 개	꽃 화

※開花(개화): 풀이나 나무에서 꽃이 핌

거실에 장식한 꽃은  조화입니다.

4급
造	花
지을 조	꽃 화

※造花(조화): 종이나 천으로 만든 꽃

草

훈 풀 음 초

원래는 '艸'으로 풀이 난 모양을 나타내다가
'무'를 더한 한자예요.

중국어로는 이렇게 읽어요!

cǎo
(차오)

 필순에 따라 훈과 음을 말하며 써 보세요!

부수: 초두머리(艹)

필순: ⼀ ⼗ 艹 艹 艹 芍 芍 苩 苩 草 (총 10획)

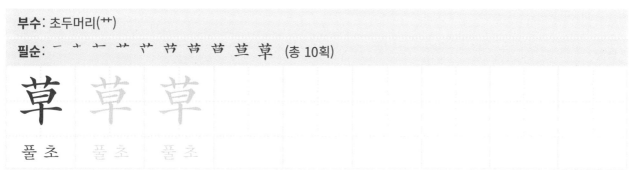

草	草	草
풀 초	풀 초	풀 초

 草는 이렇게 쓰여요!

우리 동네 주택가에 오래된

7급

草	家
풀 초	집 가

초가집이 있습니다.

※草家(초가): 짚이나 갈대로 지붕을 만든
옛날 집

기린은 긴 목으로 나무 잎사귀를 먹는

7급

草	食
풀 초	먹을 식

초식 동물입니다.

※草食(초식): 주로 풀을
먹고 삶

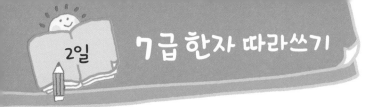
중국어로는 이렇게 읽어요!

zhí
(즈)

植

훈 심을 음 식

나무(木)를 심을 때 곧게(直) 세워서
심는다는 뜻이에요.

 필순에 따라 훈과 음을 말하며 써 보세요!

부수: 나무 목(木)

필순: 一 十 十 木 杧 杧 植 植 植 植 植 植 (총 12획)

植	植	植						
심을 식	심을 식	심을 식						

 植은 이렇게 쓰여요!

수목원에는  식물의 씨앗을 보관하는 곳이 있습니다.

植 [7급]
物
심을 식 | 물건 물

식목일에 앞뜰 묘목 심기 행사에 참가합시다.

植 [8급] 木 [8급] 日
심을 식 | 나무 목 | 날 일

※植木日(식목일): 나무를 많이 심고 가꾸도록 권장하기 위해
나라에서 정한 날. 4월 5일

物

훈 물건 음 물

제물로 쓰였던 소(牛)를 뜻하는 한자로
물건의 의미로 쓰였어요.

중국어로는 이렇게 읽어요!

wù
(우)

 **필순에 따라 훈과 음을 말하며 써 보세요!**

부수: 소 우(牛)

필순: ノ ㄴ 牛 牛 牛 物 物 物 (총 8획)

物	物	物					
물건 물	물건 물	물건 물					

物은 이렇게 쓰여요!

우리나라를 빛낸 위대한

8급	
人	物
사람 인	물건 물

인물에 대해 알아봅시다.

용수철저울로

	6급
物	體
물건 물	몸 체

물체의 무게를 측정해 봅시다.

※物體(물체): 구체적인 형태를 가지고 있는 것

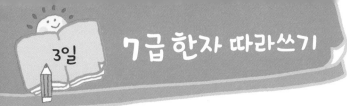

중국어로는 이렇게 읽어요!

chuān
(츄안)

川

훈내음 천

양쪽 기슭 사이에서 물이 흐르고 있는 모양을
본뜬 한자로 냇물을 뜻해요.

 필순에 따라 훈과 음을 말하며 써 보세요!

부수: 내 천(川)

필순: ノ ノ| 川 (총 3획)

川	川	川						
내 천	내 천	내 천						

 川은 이렇게 쓰여요!

할아버지는 고향  산천에서 여생을 보내셨습니다.

메 산　내 천

※山川(산천): 산과 냇물, 자연을 이르는 말

 대천 바다도 건너 봐야 안다는 속담이 있습니다.

큰 대　내 천

※大川(대천): 크거나 이름난 냇물

중국어로는 이렇게 읽어요!

jiāng
(지앙)

江

훈 강 음 **강**

물(氵)이 넘치지 않게 둑을 만들었다는(工) 데서
큰 강을 뜻해요.

 필순에 따라 훈과 음을 말하며 써 보세요!

부수: 삼수변(氵)

필순: `丶丶氵氵汀江` (총 6획)

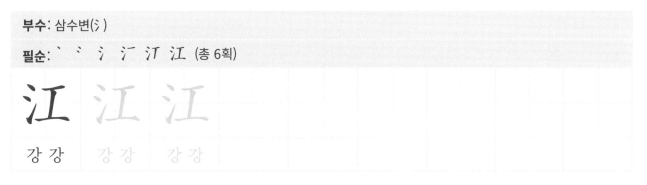

江	江	江				
강 강	강 강	강 강				

江은 이렇게 쓰여요!

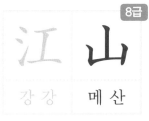

10년이면 ⁸급 **江 山** 강산도 변한다는 말이 떠올랐습니다.

강 강 · 메 산

※江山(강산): 강과 산, 나라의 영토를 이르는 말

아빠는 어릴 적에 ⁷급 **江 村** 강촌에서 자랐다고 합니다.

강 강 · 마을 촌

※江村(강촌): 강가의 마을

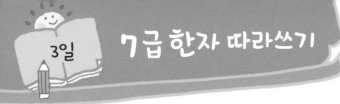

훈 **바다** 음 **해**

넓고 깊은 어두운 물을 나타낸 한자로
바다를 뜻해요.

중국어로는 이렇게 읽어요!

hǎi
(하이)

 필순에 따라 훈과 음을 말하며 써 보세요!

부수: 삼수변(氵)

필순: 丶 冫 氵 汒 洈 浹 海 海 海 海 (총 10획)

海	海	海				
바다 해	바다 해	바다 해				

 海는 이렇게 쓰여요!

사촌 형은 큰아버지를 따라

海 軍 [8급]
바다 해 | 군사 군

해군이 되었습니다.

※海軍(해군): 바다에서 공격과 방어를
맡는 군대

청정 지역인 남극

海 水 [8급]
바다 해 | 물 수

해수의 오염이 심각해지고 있습니다.

※海水(해수): 바닷물

lín
(린)

林

훈 **수풀** 음 **림**

나무(木)가 많이 자라고 있는 모습을 본뜬 한자로 숲, 수풀을 뜻해요.

필순에 따라 훈과 음을 말하며 써 보세요!

부수: 나무 목(木)

필순: ` 一 十 才 木 朴 材 林 林 ` (총 8획)

林	林	林						
수풀 림	수풀 림	수풀 림						

林은 이렇게 쓰여요!

지나친  산림 개발로 숲이 파괴되고 있습니다.

山 메 산 / 林 수풀 림

8급

※山林(산림): 산과 숲

막내 외삼촌은 고향에서  농림업을 하십니다.

農 농사 농 / 林 수풀 림

7급

※農林(농림): 농사를 짓는 일과 나무를 기르는 일

23

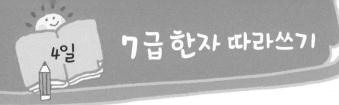

중국어로는 이렇게 읽어요!

dòng
(똥)

훈 움직일 음 동

힘(力)을 써서 무거운 것(重)을
움직이게 한다는 뜻이에요.

 필순에 따라 훈과 음을 말하며 써 보세요!

부수: 힘 력(力)
필순: ノ ー ニ ん 台 台 盲 重 重 動 動 (총 11획)

動	動	動				
움직일 동	움직일 동	움직일 동				

 動은 이렇게 쓰여요!

고무  동력 자동차로 탄성의 원리에 대해 알아봅시다.

움직일 동 / 힘 력

※動力(동력): 어떤 물체가 움직이는 힘

과학 시간에  동물의 겨울나기에 대해 배웁니다.

움직일 동 / 물건 물

중국어로는 이렇게 읽어요!

sè
(써)

色

훈 빛 음 색

사람의 마음속 감정이 얼굴로 나타난다는 데서 빛, 색을 뜻하는 한자예요.

필순에 따라 훈과 음을 말하며 써 보세요!

부수: 빛 색(色)

필순: ⁄ ⁄⁄ ⁄⁄ ⁄⁄ ⁄⁄ 色 (총 6획)

色	色	色					
빛 색	빛 색	빛 색					

色은 이렇게 쓰여요!

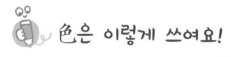

스티커와  색지로 크리스마스카드를 만들어 봅시다.

빛 색 / 종이 지

지역마다  특색 있는 축제가 잇달아 열립니다.

특별할 특 / 빛 색

※特色(특색): 보통의 것과 다른 점

중국어로는 이렇게 읽어요!

mĕi
(메이)

每

훈 매양 음 매

머리에 비녀를 꽂은 부인을 본뜬 한자로,
한결같은 어머니 마음이라는 데서
늘, 항상의 뜻으로 쓰였어요.

 필순에 따라 훈과 음을 말하며 써 보세요!

부수: 말 무(毋)
필순: ノ 𠂉 𠂉 𠂉 每 每 每 (총 7획)

每	每	每					
매양 매	매양 매	매양 매					

 每는 이렇게 쓰여요!

우리 가족은  매일 저녁 공원에서 산책을 합니다.

每 [8급] 日
매양 매 / 날 일

선생님 말씀을 듣고  매사에 자신감을 가지게 되었습니다.

每 [7급] 事
매양 매 / 일 사

※每事(매사): 모든 일

중국어로는 이렇게 읽어요!
lái
(라이)

來

훈 올 음 래

보리 모양을 본뜬 한자로,
보리는 하늘에서 내려온 것이라 믿어서
온다는 뜻으로 쓰였어요.

 필순에 따라 훈과 음을 말하며 써 보세요!

부수: 사람 인(人)

필순: 一 一 万 万 夾 夾 來 來 (총 8획)

來	來	來							
올 래	올 래	올 래							

來는 이렇게 쓰여요!

드디어  내일부터 여름 방학이 시작됩니다.

올래 / 날일 (8급)

주말에 케냐 어린이 합창단의  내한 공연을 보러 갑니다.

올래 / 한국 한 (8급)

※來韓(내한): 외국인이 한국에 옴

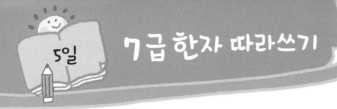

중국어로는 이렇게 읽어요!
shí (스)

時

훈 때 음 시

태양(日)이 일정하게 돌아간다는 데서
때를 뜻해요.

 필순에 따라 훈과 음을 말하며 써 보세요!

부수: 날 일(日)

필순: 丨 冂 日 日 日- 日+ 旷 昨 時 時 (총 10획)

時	時	時					
때 시	때 시	때 시					

 時는 이렇게 쓰여요!

내가 좋아하는 음악

時	間 7급
때 시	사이 간

시간은 항상 빨리 지나갑니다.

이것은 조선

時	代 6급
때 시	대신할 대

시대에 쓰인 조상들의 생활 도구입니다.

※時代(시대): 역사적으로 구분한 일정한 기간

間

훈 **사이** 음 **간**

문(門)틈 사이로 햇빛(日)이 들어오는 모습을
나타낸 한자로 사이, 틈을 뜻해요.

중국어로는 이렇게 읽어요!

jiān
(지엔)

 필순에 따라 훈과 음을 말하며 써 보세요!

부수: 문 문(門)

필순: ｜ ｜' ｜' ｜' ｜' ｜'' 門 門 門 門 間 間 間 (총 12획)

間　間　間

사이 간　사이 간　사이 간

 間은 이렇게 쓰여요!

과학실은 음악실과 미술실의  중간에 있습니다.

8급
中 間
가운데 중　사이 간

화단의 작은  공간에 꽃씨를 심었습니다.

7급
空 間
빌 공　사이 간

※空間(공간): 아무것도 없는 빈 곳

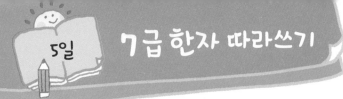
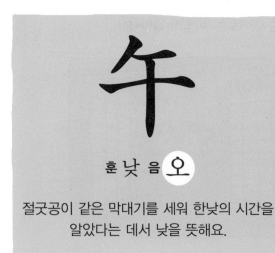

午

훈 낮 음 **오**

절굿공이 같은 막대기를 세워 한낮의 시간을
알았다는 데서 낮을 뜻해요.

중국어로는 이렇게 읽어요!

wǔ
(우)

필순에 따라 훈과 음을 말하며 써 보세요!

부수: 열 십(十)

필순: ′ ⺊ ⺊ 午 (총 4획)

午	午	午					
낮 오	낮 오	낮 오					

午는 이렇게 쓰여요!

오늘은 [午 낮 오][前 앞 전] 7급 **오전** 수업이 끝나면 집에 갑니다.

※午前(오전): 밤 열두 시부터 낮 열두 시까지의 시간

낮 열두 시를 [正 바를 정][午 낮 오] 7급 **정오**라고 합니다.

중국어로는 이렇게 읽어요!

XĪ
(시)

夕

훈 **저녁** 음 **석**

초승달이나 반달 모양을 본뜬 한자로
저녁을 뜻해요.

 필순에 따라 훈과 음을 말하며 써 보세요!

부수: 저녁 석(夕)

필순: ノ ク 夕 (총 3획)

夕	夕	夕				
저녁 석	저녁 석	저녁 석				

夕은 이렇게 쓰여요!

우리나라  추석의 전통놀이에 대해 알아봅시다.

7급
秋 夕
가을 추 저녁 석

※**秋夕**(추석): 우리나라 명절 중 하나인 한가위

캠핑장 하늘에 어느덧  석양이 깔렸습니다.

6급
夕 **陽**
저녁 석 볕 양

※**夕陽**(석양): 저녁때의 저무는 해

1. 아래의 가로세로 열쇠를 보고 알맞은 낱말을 한글로 써 보세요.

가로 열쇠

① **自然**: 사람의 힘이 더해지지 않고 저절로 생겨난 것

② **水門**: 댐이나 저수지 물의 양을 조절하는 문

③ **山川**: 산과 냇물, 자연을 이르는 말

④ **中間**: 두 사물의 사이

⑤ **花草**: 꽃이 피는 풀과 나무

세로 열쇠

❶ **自動門**: 사람이 출입할 때 자동으로 열리고 닫히는 문

❷ **大川**: 크거나 이름난 냇물

❸ **山林**: 산과 숲

❹ **時間**: 두 시각의 사이

❺ **國花**: 한 나라를 상징하는 꽃

❻ **草家**: 짚이나 갈대로 지붕을 만든 옛날 집

2. 다음 한자의 훈과 음을 쓰세요.

天　　物　　夕　　每

色　　來　　午　　植

3. 음에 알맞은 한자를 〈보기〉에서 찾아 쓰세요.

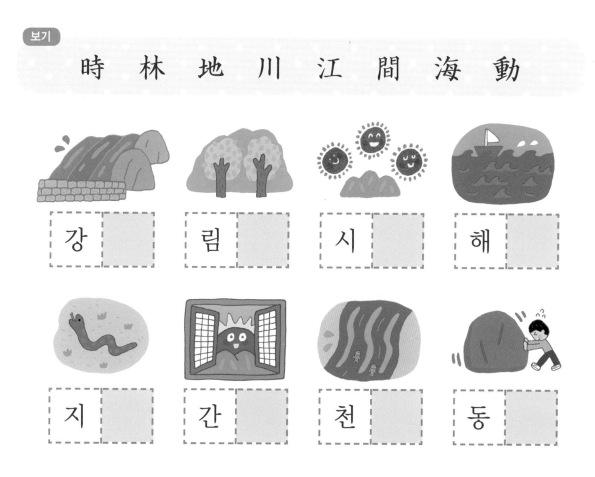

보기

時　林　地　川　江　間　海　動

강　　　림　　　시　　　해

지　　　간　　　천　　　동

1. 다음 밑줄 친 漢字語(한자어)의 音(음:소리)을 쓰세요.

　　　　　　　　　　漢字 → 한자

(1) 엄마 아빠는 <u>天生</u>연분입니다.　　　　　　　　（　　　　　　）
(2) <u>地下</u>실을 수리해 카페로 만들었습니다.　　　　（　　　　　　）
(3) 할머니는 아침마다 <u>花草</u>에 물을 줍니다.　　　（　　　　　　）
(4) 오빠는 <u>每日</u> 줄넘기를 백 개씩 합니다.　　　（　　　　　　）
(5) 영화를 보며 저녁 <u>時間</u>을 보냈습니다.　　　　（　　　　　　）
(6) 5교시에는 2반이 <u>運動</u>장에서 축구를 합니다.（　　　　　　）

2. 다음 漢字(한자)의 訓(훈:뜻)과 音(음:소리)을 쓰세요.

보기　　　　　　　　　　字 → 글자 자

(1) 物 （　　　　　　）　　　(2) 夕 （　　　　　　）
(3) 江 （　　　　　　）　　　(4) 間 （　　　　　　）
(5) 色 （　　　　　　）　　　(6) 午 （　　　　　　）
(7) 川 （　　　　　　）　　　(8) 動 （　　　　　　）
(9) 林 （　　　　　　）　　　(10) 天 （　　　　　　）

3. 다음 밑줄 친 단어의 漢字語(한자어)를 〈보기〉에서 골라 그 번호를 쓰세요.

보기　　　　① 校花　② 自然　③ 植物　④ 動物

(1) 가족 나들이로 <u>동물</u>원에 다녀왔습니다.

(2) 우리 학교 <u>교화</u>는 장미입니다.

4. 다음 訓(훈:뜻)과 音(음:소리)에 맞는 漢字(한자)를 〈보기〉에서 골라 그 번호를 쓰세요.

① 海 ② 時 ③ 來 ④ 每 ⑤ 植 ⑥ 然

(1) 매양 매 　(　　　　) 　　(2) 바다 해 　(　　　　　)
(3) 때 시 　　(　　　　) 　　(4) 심을 식 　(　　　　　)

5. 다음 漢字(한자)의 상대 또는 반대되는 漢字(한자)를 〈보기〉에서 골라 그 번호를
쓰세요.

① 北 　② 山 　③ 色 　④ 夕

(1) 南 　↔ 　(　　　　　) 　　(2) 江 　↔ 　(　　　　　)

6. 다음 뜻에 맞는 漢字語(한자어)를 〈보기〉에서 찾아 그 번호를 쓰세요.

① 山林 　② 天地 　③ 花草 　④ 植物

(1) 꽃과 풀 　(　　　　　) 　　(2) 하늘과 땅 　(　　　　　)

7. 다음 漢字(한자)의 진하게 표시한 획은 몇 번째 쓰는지 〈보기〉에서 찾아 그 번호를
쓰세요.

① 첫 번째 　② 두 번째 　③ 세 번째 　④ 네 번째 　⑤ 다섯 번째
⑥ 여섯 번째 　⑦ 일곱 번째 　⑧ 여덟 번째 　⑨ 아홉 번째 　⑩ 열 번째

(1) 色 (　　　　　) 　　(2) 來 (　　　　　)

자연송

★ 〈개굴개굴 개구리〉 노래에 맞춰 불러 보세요.

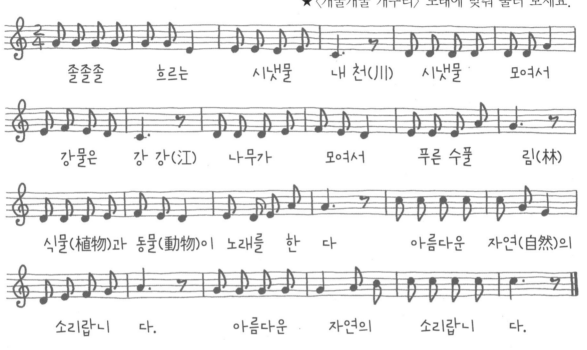

졸졸졸 　 흐르는 　 시냇물 　 내 천(川) 　 시냇물 　 모여서

강물은 　 강 강(江) 　 나무가 　 모여서 　 푸른 수풀 　 림(林)

식물(植物)과 동물(動物)이 노래를 　 한 　 다 　 아름다운 　 자연(自然)의

소리랍니 　 다. 　 아름다운 　 자연의 　 소리랍니 　 다.

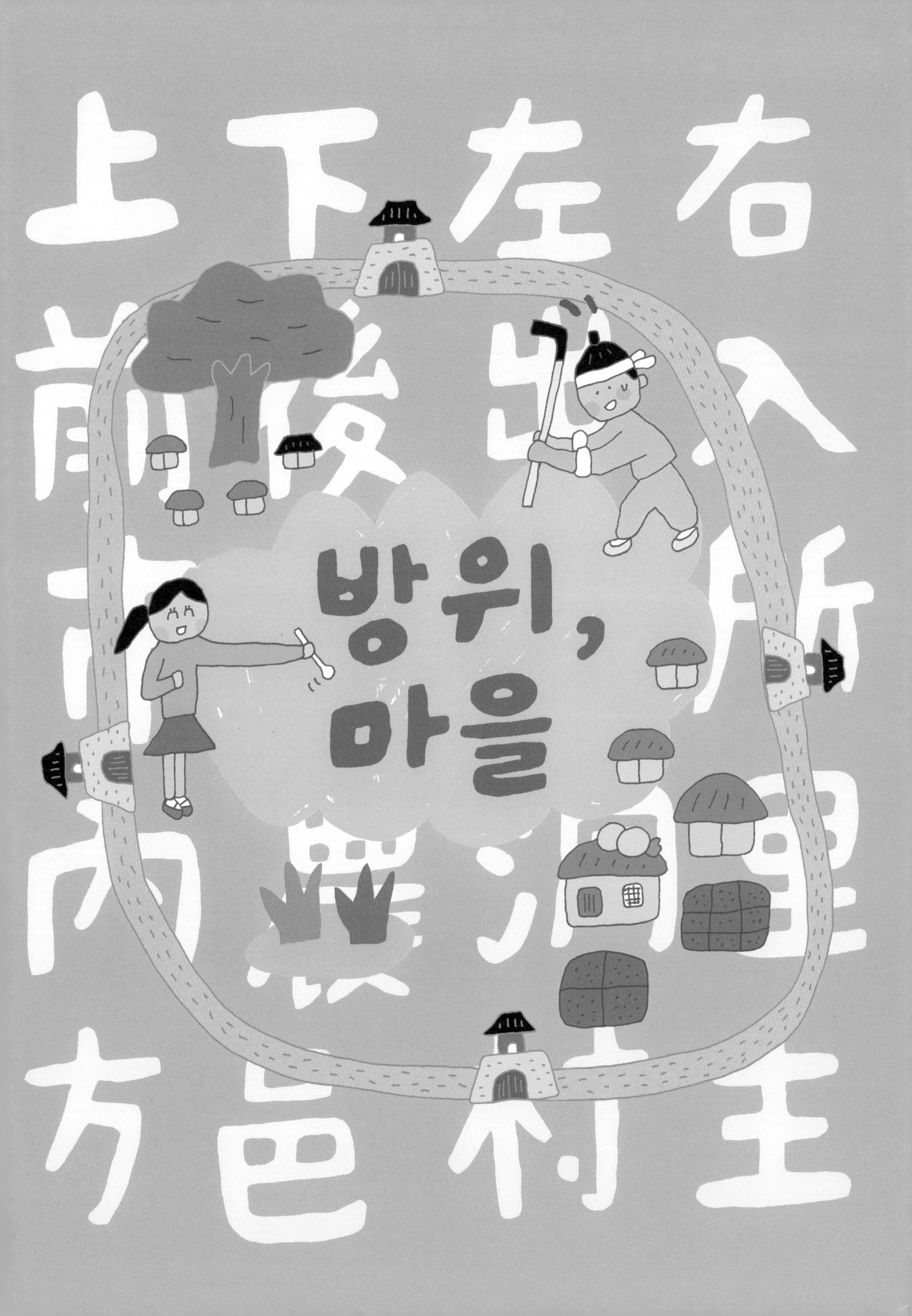
上下左右
前後出入
所
內
方邑村主
방위,
마을

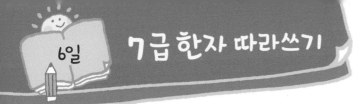

중국어로는 이렇게 읽어요!

shàng
(샹)

上

훈 윗 음 **상**

가로획 위에 점 하나를 찍어서
위를 나타낸 한자예요.

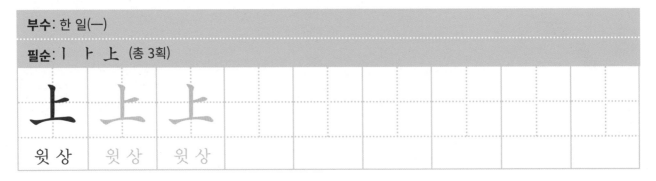

필순에 따라 훈과 음을 말하며 써 보세요!

부수: 한 일(一)

필순: ㅣ ㅏ 上 (총 3획)

上	上	上						
윗 상	윗 상	윗 상						

上은 이렇게 쓰여요!

옆집  옥상에 정원이 아주 아름답습니다.

집 옥 | 윗 상

※屋上(옥상): 지붕 위에 마당처럼 편평하게 만든 곳

제주도 서쪽  해상에 호우 주의보가 내려졌습니다.

바다 해 | 윗 상

중국어로는 이렇게 읽어요!

xià
(시아)

下

훈 아래 음 하

가로획 아래에 점 하나를 찍어서
아래를 나타낸 한자예요.

 필순에 따라 훈과 음을 말하며 써 보세요!

부수: 한 일(一)

필순: 一 丁 下 (총 3획)

下	下	下						
아래 하	아래 하	아래 하						

 下는 이렇게 쓰여요!

하린이는  하교하는 길에 준비물을 샀습니다.

※下校(하교): 수업을 마치고 학교에서 집으로 돌아옴

산 정상에서  하산하는 길은 발걸음이 가볍습니다.

※下山(하산): 산 아래로 내려옴

39

중국어로는 이렇게 읽어요!

ZUŎ (주어)

左

훈 왼 음 **좌**

도구(工)를 들고 있는 왼손 모양을 본뜬 한자로 왼쪽을 뜻해요.

 필순에 따라 훈과 음을 말하며 써 보세요!

부수: 장인 공(工)
필순: 一 ナ ナ 左 左 (총 5획)

左	左	左							
왼 좌	왼 좌	왼 좌							

 左는 이렇게 쓰여요!

횡단보도를 건널 때는

좌우를 잘 살펴야 합니다.

	7급
左	右
왼 좌	오른 우

※左右(좌우): 왼쪽과 오른쪽

	7급	8급
左	心	室
왼 좌	마음 심	집 실

좌심실은 피를 깨끗하게 해서 대동맥을 통해 온 몸에 전달합니다.

※左心室(좌심실): 심장의 왼쪽 아래에 있는 방

중국어로는 이렇게 읽어요!

yòu
(여우)

右

훈 오른 음 **우**

밥을 먹는(口) 오른손 모양을 본뜬 한자로
오른쪽을 뜻해요.

 필순에 따라 훈과 음을 말하며 써 보세요!

부수: 입 구(口)

필순: ノ ナ 大 右 右 (총 5획)

右	右	右							
오른 우	오른 우	오른 우							

右는 이렇게 쓰여요!

어디로 가야 할지 몰라서

※友往左往(우왕좌왕): 이리저리
　왔다갔다 함.

右	往[4급]	左[7급]	往[4급]
오른 우	갈 왕	왼 좌	갈 왕

우왕좌왕했습니다.

대강당 무대

右	便[7급]
오른 우	편할 편

우편에 출연자 대기실이 있습니다.

※右便(우편): 오른쪽

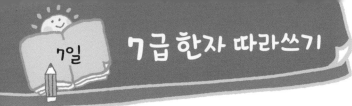
前

훈 **앞** 음 전

배가 물길을 가르며 나아가는 모습을
나타낸 한자로 앞을 뜻해요.

중국어로는 이렇게 읽어요!

qián
(치엔)

 필순에 따라 훈과 음을 말하며 써 보세요!

부수: 선칼도방(刂)

필순: 丷 丷 产 产 芹 芹 前 前 前 (총 9획)

前	前	前							
앞 전	앞 전	앞 전							

 前은 이렇게 쓰여요!

답사를 잘 마치려면

事	前
일 사	앞 전

사전에 계획을 꼼꼼히 세웁니다.

※事前(사전): 일을 시작하기 전

학예회는

午	前
낮 오	앞 전

오전 10시에 대강당에서 열립니다.

중국어로는 이렇게 읽어요!

hòu
(허우)

後

훈 뒤 음 후

발걸음(彳)을 천천히 내딛으니
뒤처져(夂) 온다는 데서 뒤를 뜻해요.

 필순에 따라 훈과 음을 말하며 써 보세요!

부수: 두인변(彳)

필순: ′ ′ ′ ′ ′ ′ ′ ′ ′ (총 9획)

後	後	後					
뒤 후	뒤 후	뒤 후					

後는 이렇게 쓰여요!

우리들은  후일에 다시 만나기로 약속했습니다.

8급

後 日
뒤 후　날 일

※後日(후일): 뒷날

율곡 이이 선생은  후학 양성에 전념했습니다.

8급

後 學
뒤 후　배울 학

※後學(후학): 학문에 있어서의 후배

43

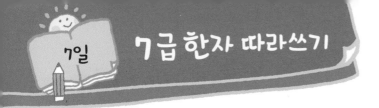
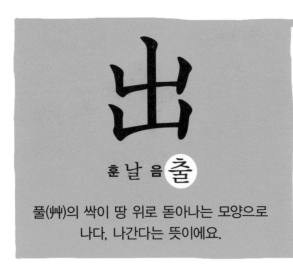

出

훈 날 음 **출**

풀(艹)의 싹이 땅 위로 돋아나는 모양으로
나다, 나간다는 뜻이에요.

중국어로는 이렇게 읽어요!

chū
(츄)

 필순에 따라 훈과 음을 말하며 써 보세요!

부수: 위튼입구몸(凵)								
필순: 丨 屮 屮 出 出 (총 5획)								
出	出	出						
날 출	날 출	날 출						

 出은 이렇게 쓰여요!

이 문은 화재 시 비상 대피용

出	口
날 출	입 구

7급

출구입니다.

내 동생은 작년 겨울에

出	生
날 출	날 생

8급

출생했습니다.

※出生(출생): 세상에 태어남

44

入

훈 들 음 입

뽀족한 물건의 모양을 본뜬 한자로
들다, 들어간다는 뜻이에요.

중국어로는 이렇게 읽어요!

rù
(루)

 필순에 따라 훈과 음을 말하며 써 보세요!

부수: 들 입(入)

필순: ノ 入 (총 2획)

入	入	入						
들 입	들 입	들 입						

 入은 이렇게 쓰여요!

공항은  입국하는 외국인들로 붐빕니다.

※入國(입국): 자기 나라나 남의 나라로 들어감

신랑 신부가 결혼식장에서 동시에  입장했습니다.

※入場(입장): 들어감

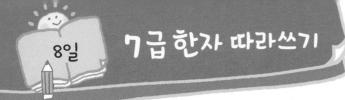

중국어로는 이렇게 읽어요!
shì
(스)

市

훈 저자 음 시

옷감(巾)을 사러 가는
곳(亠)이라는 데서 시장을 뜻해요.

✏️ **필순에 따라 훈과 음을 말하며 써 보세요!**

부수: 수건 건(巾)
필순: ` 亠 广 方 市 (총 5획)

市	市	市					
저자 시	저자 시	저자 시					

✏️ **市는 이렇게 쓰여요!**

우리 동네에는 오래된 전통

市 場
저자 시 | 마당 장
7급

시장이 있습니다.

오빠는 독서 마라톤 대회에서

市 長
저자 시 | 어른 장
8급

시장상을 받았습니다.

※市長(시장): 지방 자치 단체인 시의
책임자

場

훈 마당 음 장

해(昜)가 잘 드는 넓고 평평한 땅(土)을
나타낸 한자로 마당, 장소를 뜻해요.

 필순에 따라 훈과 음을 말하며 써 보세요!

부수: 흙 토(土)

필순: 一 十 土 圤 圹 圬 圬 坦 埖 塌 場 場 (총 12획)

場	場	場							
마당 장	마당 장	마당 장							

 場은 이렇게 쓰여요!

영상 지도로 우리 고장의 주요  장소를 살펴봅시다.

場所
마당 장 | 바 소

3학년은 블루베리  농장으로 체험 학습을 갑니다.

農場
농사 농 | 마당 장

47

중국어로는 이렇게 읽어요!

zhù (쥬)

住

훈 살 음 주

사람(亻)이 집주인(主)이라는 데서 살다, 머무른다는 뜻이에요.

 필순에 따라 훈과 음을 말하며 써 보세요!

부수: 사람인변(亻)									
필순: 丿 亻 亻 亻 住 住 住 (총 7획)									
住	住	住							
살 주	살 주	살 주							

住는 이렇게 쓰여요!

住	民 8급
살 주	백성 민

주민들의 생활을 편리하게 하는 장소를 찾아봅시다.

※住民(주민): 일정한 지역에 살고 있는 사람

우리 동네에는 공동

住	宅 5급
살 주	집 택

주택이 많습니다.

※住宅(주택): 사람이 사는 집

所

훈 **바** 음 **소**

나무를 베는 소리를 나타낸 한자로
곳, 장소의 뜻으로 바뀌어 쓰였어요.

중국어로는 이렇게 읽어요!

suǒ
(수어)

 필순에 따라 훈과 음을 말하며 써 보세요!

부수: 집 호(戶)

필순: ` ` ` ` ` ` ` ` 所 所 所 (총 8획)

所	所	所							
바 소	바 소	바 소							

 所는 이렇게 쓰여요!

지금은 도로 이름으로 된  주소를 사용합니다.

住所
살 주 | 바 소

※住所(주소): 사람이 살고 있는 곳을 행정
구역으로 나타낸 이름

나무와 숲을  소중히 여기고 보호해야 합니다.

所重
바 소 | 무거울 중

※所重(소중): 매우 귀중함

49

중국어로는 이렇게 읽어요!

nèi
(네이)

内

훈안 음 **내**

건물(冂) 안으로 들어간다는(入) 데서
안을 뜻해요.

🐛 **필순에 따라 훈과 음을 말하며 써 보세요!**

부수: 들 입(入)							
필순: ㅣ 冂 冂 内 (총 4획)							
内	内	内					
안 내	안 내	안 내					

🐛 **内는 이렇게 쓰여요!**

평화 통일 주제로

校 8급	内
학교 교	안 내

교내 미술 대회가 열립니다.

독서는

内	面 7급
안 내	낯 면

내면의 힘을 길러 줍니다.

※内面(내면): 사람의 정신, 심리 부분

農

훈 농사 음 농

밭(曲)에서 농기구(辰)를 들고 일한다는 데서
농사를 뜻해요.

중국어로는 이렇게 읽어요!
nóng (농)

 필순에 따라 훈과 음을 말하며 써 보세요!

부수: 별 진(辰)

필순: 丶 冂 曰 冉 曲 曲 曲 严 严 严 農 農 農 (총 13획)

農	農	農						
농사 농	농사 농	농사 농						

 農은 이렇게 쓰여요!

언니가 여름 방학에

農	村 [7급]
농사 농	마을 촌

농촌 봉사 활동을 갑니다.

외국에서 수입하는

農	産 [5급]	物 [7급]
농사 농	낳을 산	물건 물

농산물이 늘고 있습니다.

※農産物(농산물): 농업에 의하여 생산된
곡식, 채소, 과일 등

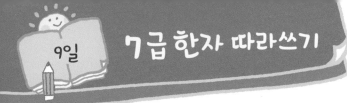

훈 골 음 **동** | 훈 밝을 음 **통**

물(氵)이 모여(同) 흐르는 골짜기를 나타낸 한자로 사람들이 모여 사는 고을을 뜻해요.

중국어로는 이렇게 읽어요!

dòng (똥)

 필순에 따라 훈과 음을 말하며 써 보세요!

부수: 삼수변(氵)

필순: ` ` 氵 氵 汀 汩 泀 洞 洞 (총 9획)

洞	洞	洞						
골 동	골 동	골 동						

 洞은 이렇게 쓰여요!

洞	口 [7급]
골 동	입 구

동구 밖에 코스모스가 활짝 피었습니다.

※洞口(동구): 동네 어귀

예진이는

洞	察 [4급]	力 [7급]
밝을 통	살필 찰	힘 력

통찰력이 아주 뛰어납니다.

※洞察力(통찰력): 사물이나 현상을 예리하게 꿰뚫어 보는 능력

중국어로는 이렇게 읽어요!

lǐ
(리)

里

훈 마을 음 **리**

밭(田)이 있고 토지(土)가 있어 사람들이
모여 사는 마을이라는 뜻이에요.

 필순에 따라 훈과 음을 말하며 써 보세요!

부수: 마을 리(里)
필순: 丨 口 曰 日 旦 里 里 (총 7획)

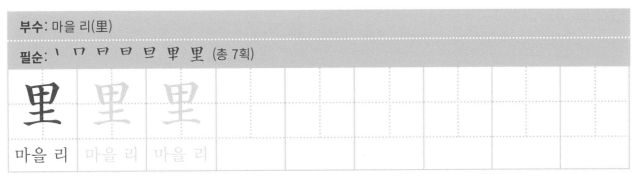

里
마을 리

里
마을 리

里
마을 리

 里는 이렇게 쓰여요!

아빠는 우리 마을의

里	長 8급
마을 리	어른 장

이장을 맡고 있습니다.

※里長(이장): 행정 구역인 '리'의 일을 대표로 맡아
보는 사람

무궁화는

三 8급	千 7급	里
석 삼	일천 천	마을 리

삼천리 강산에 핀 우리나라 꽃입니다.

※三千里(삼천리): 함경북도에서 제주도까지 삼천 리가
된다고 하여 우리나라 전체를 이르는 말

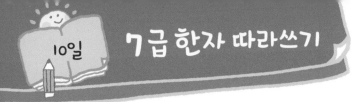

훈 모 음 **방**

네모 모양의 물건을 본뜬 한자로
네모 또는 방향, 방법을 뜻해요.

 필순에 따라 훈과 음을 말하며 써 보세요!

부수: 모 방(方)
필순: ﹨ 亠 宀 方 (총 4획)

方	方	方							
모 방	모 방	모 방							

 方은 이렇게 쓰여요!

삼촌은  전방 부대에서 휴전선을 지키는 군인입니다.

前 ^{7급}	方
앞 전	모 방

※前方(전방): 앞쪽, 적을 바로 마주하고 있는 지역

은수는 예체능에  다방면으로 재능이 있어요.

多 ^{6급}	方	面 ^{7급}
많을 다	모 방	낮 면

※多方面(다방면): 여러 방면, 많은 곳

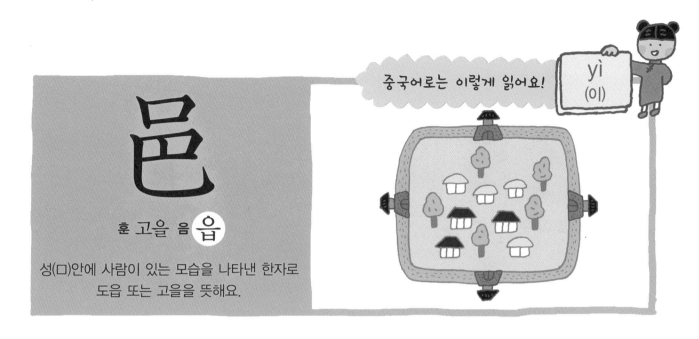

邑

훈 고을 음 **읍**

성(口)안에 사람이 있는 모습을 나타낸 한자로
도읍 또는 고을을 뜻해요.

중국어로는 이렇게 읽어요!

yì
(이)

 필순에 따라 훈과 음을 말하며 써 보세요!

부수: 고을 읍(邑)

필순: ` ㄱ ㅁ 므 ㄅ 므 므 邑 (총 7획)

邑	邑	邑						
고을 읍	고을 읍	고을 읍						

 邑은 이렇게 쓰여요!

외할머니 팔순 잔치는

邑	内
고을 읍	안 내

읍내 큰 식당에서 열립니다.

※邑内(읍내): 읍이라는 행정 구역 안

백제의 마지막

都	邑
도읍 도	고을 읍

도읍은 사비, 지금의 부여입니다.

※都邑(도읍): 한 나라의 수도

중국어로는 이렇게 읽어요!

cūn
(춘)

村

훈 마을 음 촌

커다란 나무(木)가 있는 곳에 촌수(寸)가
가까운 사람들이 모여 산다는 데서
마을, 시골을 뜻해요.

 필순에 따라 훈과 음을 말하며 써 보세요!

부수: 나무 목(木)									
필순: 一 十 才 木 村 村 村 (총 7획)									
村	村	村							
마을 촌	마을 촌	마을 촌							

村은 이렇게 쓰여요!

촌락 지역으로 농촌, 어촌,  산촌이 있습니다.

※山村(산촌): 산속에 있는 마을

섬진강 마을  촌장님은 동화 작가라고 합니다.

※村長(촌장): 마을의 일을 맡아보는 대표자

주

훈 주인/임금 음 주

등잔의 심지 모양을 본뜬 한자로
나중에 주인, 임금의 뜻으로 쓰였어요.

중국어로는 이렇게 읽어요!

zhǔ
(쥬)

필순에 따라 훈과 음을 말하며 써 보세요!

부수: 점 주(丶)

필순: 丶 亠 二 宇 主 (총 5획)

主	主	主							
주인 주	주인 주	주인 주							

主는 이렇게 쓰여요!

쌀, 밀, 옥수수, 감자는 세계인의

主	食
주인 주	밥 식

7급

주식입니다.

※主食(주식): 식사 때 주로 먹는
음식

초록색 자전거

主	人
주인 주	사람 인

8급

주인을 찾아 주었습니다.

1. 다음 한자가 쓰인 말을 찾아 ⭕ 표시해 보세요.

農　　　농촌　　　주인　　　사전

左　　　자연　　　왼쪽　　　매일

方　　　내일　　　해군　　　전방

場　　　입장　　　산림　　　간식

2. 한자 사다리를 타고, 각 한자에 알맞은 훈과 음을 쓰세요.

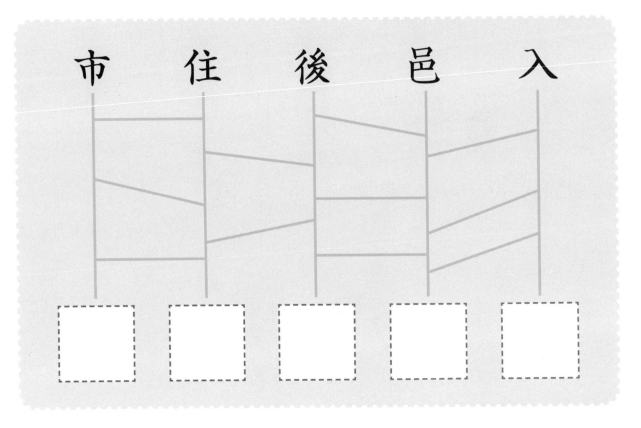

市　住　後　邑　入

3. 다음 한자의 훈과 음을 쓰세요.

下　　前　　所　　左

右　　場　　內　　方

4. 음에 알맞은 한자를 〈보기〉에서 찾아 쓰세요.

보기
里　主　村　出　入　上　市　右

출 　　　리 　　　시 　　　촌

상 　　　우 　　　주 　　　입

1. 다음 밑줄 친 漢字語(한자어)의 音(음:소리)을 쓰세요.

> **보기**　　　　　　　　　　漢字 → 한자

(1) 비행기에서 바라보는 農村 풍경이 아름답습니다. 　(　　　　)
(2) 제주도로 출발하는 첫 배는 午前 5시에 있습니다. 　(　　　　)
(3) 시험에 응시하려면 入室 시간을 꼭 지켜야 합니다. 　(　　　　)
(4) 길을 건널 때에는 左右를 잘 살펴야 합니다. 　(　　　　)
(5) 市場에 가면 볼거리와 먹을거리가 가득합니다. 　(　　　　)
(6) 수업 直後에 복습을 하면 기억에 오래 남습니다. 　(　　　　)

2. 다음 漢字(한자)의 訓(훈:뜻)과 音(음:소리)을 쓰세요.

> **보기**　　　　　　　　　　字 → 글자 자

(1) 出 　(　　　　)　　　(2) 主 　(　　　　)
(3) 邑 　(　　　　)　　　(4) 內 　(　　　　)
(5) 上 　(　　　　)　　　(6) 方 　(　　　　)
(7) 住 　(　　　　)　　　(8) 下 　(　　　　)
(9) 所 　(　　　　)　　　(10) 右 　(　　　　)

3. 다음 밑줄 친 단어의 漢字語(한자어)를 〈보기〉에서 골라 그 번호를 쓰세요.

> **보기**　　　① 前後　② 邑內　③ 洞里　④ 主人

(1) 이 신발 주인은 누구니?

(2) 읍내에 나가야 큰 병원이 있습니다.

4. 다음 訓(훈:뜻)과 音(음:소리)에 맞는 漢字(한자)를 〈보기〉에서 골라 그 번호를 쓰세요.

보기 ① 洞 ② 前 ③ 入 ④ 市 ⑤ 里 ⑥ 四

(1) 저자 시 (   )   (2) 골 동   (   )
(3) 들 입   (   )   (4) 마을 리 (   )

5. 다음 漢字(한자)의 상대 또는 반대되는 漢字(한자)를 〈보기〉에서 골라 그 번호를 쓰세요.

보기 ① 出 ② 右 ③ 上 ④ 前

(1) 下 ↔ (   )   (2) 入 ↔ (   )

6. 다음 뜻에 맞는 漢字語(한자어)를 〈보기〉에서 찾아 그 번호를 쓰세요.

보기 ① 左右 ② 洞里 ③ 入場 ④ 前後

(1) 마을   (   )   (2) 왼쪽과 오른쪽 (   )

7. 다음 漢字(한자)의 진하게 표시한 획은 몇 번째 쓰는지 〈보기〉에서 찾아 그 번호를 쓰세요.

보기 ① 첫 번째 ② 두 번째 ③ 세 번째 ④ 네 번째 ⑤ 다섯 번째
⑥ 여섯 번째 ⑦ 일곱 번째 ⑧ 여덟 번째 ⑨ 아홉 번째 ⑩ 열 번째

(1) 里 (   )   (2) 方 (   )

下

白

左
왼쪽으로 1칸

農

王
도착

市

뒤로 2칸 後

所

洞

入

村

住

場

水

方

邑

上

右 오른쪽으로 2칸

主

內

青

출발 出

前
앞으로 3칸

山

里

🚩 놀이 방법

- 주사위와 말을 준비합니다.

- 주사위 숫자만큼 말을 움직여 나온 한자의 훈과 음을 말하여 맞으면 말을 두고,
  틀리면 원래 자리로 돌아옵니다.

- 사다리나 뱀이 나오면 가리키는 곳으로 이동합니다.

신체, 집

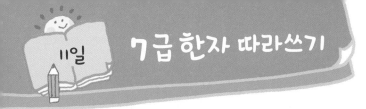
중국어로는 이렇게 읽어요!

shǒu
(셔우)

훈 **손** 음 **수**

사람의 한쪽 손 모양을 본뜬 한자예요.

✏️ **필순에 따라 훈과 음을 말하며 써 보세요!**

부수: 손 수(手)

필순: ´ ̄ 二 手 (총 4획)

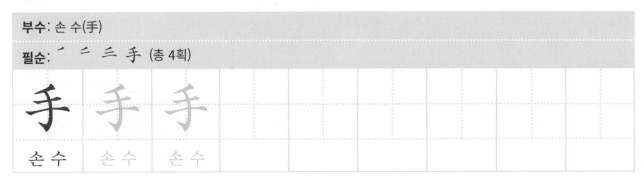

手	手	手					
손 수	손 수	손 수					

✏️ **手는 이렇게 쓰여요!**

수업 시간에 너무 졸려서

洗 5급	手
씻을 세	손 수

세수를 하고 왔습니다.

할아버지는

手	工 7급
손 수	장인 공

수공으로 가구를 만드는 일을 하십니다.

※手工(수공): 손으로 만드는 공예

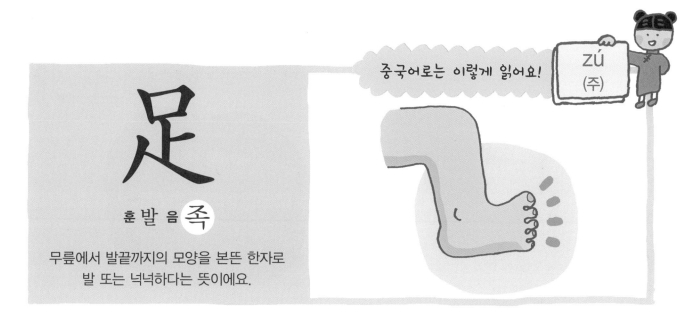

足

훈 발 음 족

무릎에서 발끝까지의 모양을 본뜬 한자로
발 또는 넉넉하다는 뜻이에요.

중국어로는 이렇게 읽어요!

ZÚ
(주)

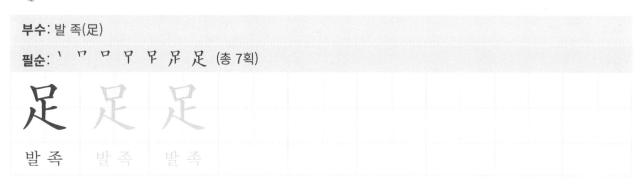

필순에 따라 훈과 음을 말하며 써 보세요!

부수: 발 족(足)

필순: 丶 口 口 尸 尸 足 足 (총 7획)

足   足   足

발 족   발 족   발 족

足은 이렇게 쓰여요!

언제나

7급

自 足

스스로 자   발 족

자족하고 감사하는 마음으로 생활합시다.

※自足(자족): 스스로 만족함

서로의

7급

不 足

아닐 부   발 족

부족한 부분을 채워 주는 친구가 있습니다.

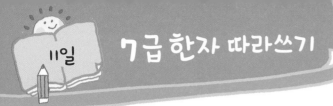

중국어로는 이렇게 읽어요!

kǒu (커우)

口

훈 입 음 **구**

입 모양을 본뜬 한자예요.

 필순에 따라 훈과 음을 말하며 써 보세요!

부수: 입 구(口)

필순: ㅣ 冂 口 (총 3획)

口	口	口							
입 구	입 구	입 구							

 口는 이렇게 쓰여요!

8급	
人	口
사람 인	입 구

인구를 조사하는 세 가지 방법에 대해 알아봅시다.

※人口(인구): 일정한 지역에 사는 사람의 수

우리 집은 다섯  식구입니다.

7급	
食	口
밥 식	입 구

중국어로는 이렇게 읽어요!

miàn
(미엔)

面

훈 낯 음 **면**

큰 눈과 얼굴의 모양을 본뜬 한자로
얼굴을 뜻해요.

필순에 따라 훈과 음을 말하며 써 보세요!

부수: 낯 면(面)

필순: 一 ア ア 石 而 而 面 面 (총 9획)

面	面	面						
낯 면	낯 면	낯 면						

面은 이렇게 쓰여요!

하루 동안

7급	
地	面
땅 지	낯 면

지면과 수면의 온도는 어떻게 변할까요?

※地面(지면): 땅의 표면, 땅바닥

8급	
三	面
석 삼	낯 면

삼면이 바다인 우리나라의 수산업에 대해 알아봅시다.

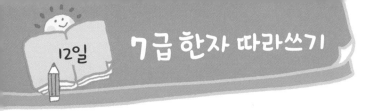
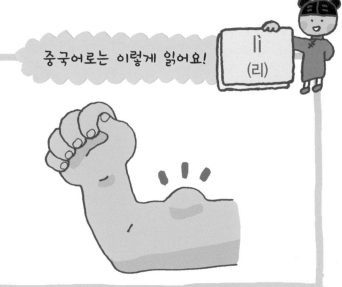

중국어로는 이렇게 읽어요!

lì (리)

力

훈 **힘** 음 **력**

힘센 팔 근육의 모습을 본뜬 한자로
힘을 뜻해요.

 필순에 따라 훈과 음을 말하며 써 보세요!

부수: 힘 력(力)

필순: フ 力 (총 2획)

力	力	力					
힘 력	힘 력	힘 력					

 力은 이렇게 쓰여요!

8급	
水	力
물 수	힘 력

수력 발전의 장단점에 대해 알아봅시다.

※水力(수력): 물이 가지고 있는 운동 에너지

전교 회장 당선 후보로 천희가 가장

7급	
有	力
있을 유	힘 력

유력합니다.

※有力(유력): 가능성이 많음

중국어로는 이렇게 읽어요!

nán
(난)

男

훈 **사내** 음 **남**

밭(田)에서 힘(力)을 써서 일하는 사람으로
남자, 사내를 뜻해요.

🖌️ 필순에 따라 훈과 음을 말하며 써 보세요!

부수: 밭 전(田)

필순: ㅣ 冂 冃 田 田 甼 男 (총 7획)

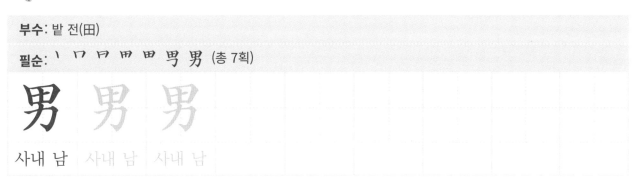

男	男	男				
사내 남	사내 남	사내 남				

🖊️ 男은 이렇게 쓰여요!

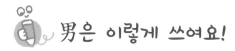

男	女 (8급)
사내 남	계집 녀

남녀 모두 서로 이해하고 존중해야 합니다.

내 짝꿍 준우는 집안에서

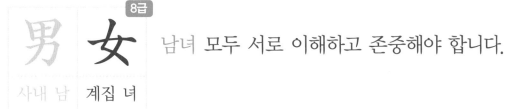

長	男 (8급)
어른 장	사내 남

장남이라고 합니다.

※長男(장남): 맏아들

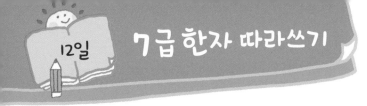

중국어로는 이렇게 읽어요!

lǎo
(라오)

老

훈 늙을 음 로

등이 굽은 노인이 지팡이를 짚고 걸어가는
모습을 본뜬 한자로 늙다는 뜻이에요.

 필순에 따라 훈과 음을 말하며 써 보세요!

부수: 늙을 로(老)

필순: 一 十 土 耂 孝 老 (총 6획)

老	老	老				
늙을 로	늙을 로	늙을 로				

 老는 이렇게 쓰여요!

할머니는 취미 생활로 활기찬

老	年 8급
늙을 로	해 년

노년을 보내십니다.

※老年(노년): 나이가 들어 늙은 때

어린이나

老	弱 6급	者 6급
늙을 로	약할 약	놈 자

노약자는 미세먼지가 심한 날에 외출
을 삼갑니다.

※老弱子(노약자): 늙거나 약한 사람

중국어로는 이렇게 읽어요!

shǎo
(샤오)

少

훈 적을 음 **소**

원래는 작은 알갱이를 본뜬 한자로
적다는 뜻이에요.

🖌️ **필순에 따라 훈과 음을 말하며 써 보세요!**

부수: 작을 소(小)

필순: ⎟ ⎟⎟ 小 少 (총 4획)

少	少	少				
적을 소	적을 소	적을 소				

🖌️ **少는 이렇게 쓰여요!**

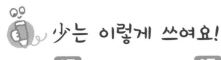

青 [8급]	少 [8급]	年
푸를 청	적을 소	해 년

청소년은 우리나라의 미래이자 희망입니다.

少	數 [7급]
적을 소	셈 수

소수의 의견을 존중하는 방법에 대해 이야기해 봅시다.

※少數(소수): 적은 수

71

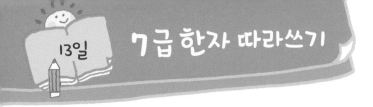

중국어로는 이렇게 읽어요!
zǔ (주)

祖

훈 할아비 음 **조**

음식을 차리고 제사를 지낸다는
의미로 조상, 할아버지를 뜻해요.

 필순에 따라 훈과 음을 말하며 써 보세요!

부수: 보일 시(示)

필순: ⼀ ⼆ ⼅ ⼲ ⼲ 衤 衤 衦 衵 衵 祖 (총 10획)

祖	祖	祖					
할아비 조	할아비 조	할아비 조					

 祖는 이렇게 쓰여요!

학교에서  조부모님과 함께하는 참여 수업이 열립니다.

祖	父 [8급]	母 [8급]
할아비 조	아비 부	어미 모

※祖父母(조부모): 할아버지와 할머니

옛 생활 도구에는  조상의 지혜와 슬기가 담겨 있습니다.

祖	上 [7급]
할아비 조	윗 상

중국어로는 이렇게 읽어요!
zǐ (즈)

子

훈 **아들** 음 **자**

갓 태어난 아기의 모습을 본뜬 한자로
아들의 뜻으로 쓰였어요.

: 필순에 따라 훈과 음을 말하며 써 보세요!

부수: 아들 자(子)

필순: ㄱ 了 子 (총 3획)

子	子	子					
아들 자	아들 자	아들 자					

子는 이렇게 쓰여요!

부모님과

	8급
子	女
아들 자	계집 녀

자녀가 함께하는 캠프가 열립니다.

※子女(자녀): 아들과 딸

외삼촌은 마을에서 제일가는

7급	
孝	子
효도 효	아들 자

효자입니다.

※孝子(효자): 부모를 잘 섬기는 아들

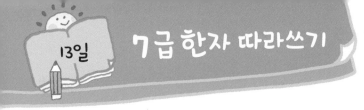
중국어로는 이렇게 읽어요!

xiào
(시아오)

孝

훈 효도 음 효

자식이 나이든 부모를 부축하는 모습을
본뜬 한자로 효도를 뜻해요.

 필순에 따라 훈과 음을 말하며 써 보세요!

부수: 아들 자(子)

필순: 一 十 土 耂 尹 孝 孝 (총 7획)

孝	孝	孝			
효도 효	효도 효	효도 효			

孝는 이렇게 쓰여요!

부모님에게

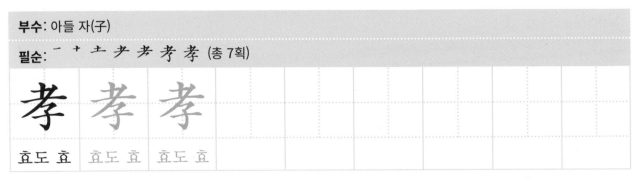

孝	道	7급
효도 효	길 도	

효도하는 방법을 생각해 봅시다.

※孝道(효도): 자식이 부모를 잘 섬기는 도리

심청이는 소문난

孝	女	8급
효도 효	계집 녀	

효녀로 아버지를 잘 모셨습니다.

※孝女(효녀): 부모를 잘 섬기는 딸

중국어로는 이렇게 읽어요!

dào
(따오)

道

훈 길 음 **도**

사람이 걸어다니는 모습을 본뜬 한자로
길을 뜻해요.

✏️ **필순에 따라 훈과 음을 말하며 써 보세요!**

부수: 책받침(辶)

필순: ` ´ ⺀ � ⺹ ⺹ 首 首 首 首 渞 道 道 (총 13획)

道	道	道				
길 도	길 도	길 도				

✏️ **道는 이렇게 쓰여요!**

동계 올림픽을 앞두고

車 [7급] 道
수레 차　길 도

차도를 넓히는 공사가 한창입니다.

세은이와 소율이는 같은

道 **場** [7급]
길 도　마당 장

도장에서 태권도를 배웁니다.

※道場(도장): 무예를 연습하거나 배우는 곳

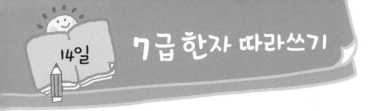
중국어로는 이렇게 읽어요!

xīn (신)

心

훈 마음 음 심

심장의 모양을 본뜬 한자로 마음을 뜻해요.

 필순에 따라 훈과 음을 말하며 써 보세요!

부수: 마음 심(心)

필순: 丿 心 心 心 (총 4획)

心	心	心							
마음 심	마음 심	마음 심							

心은 이렇게 쓰여요!

꾸준한 운동은

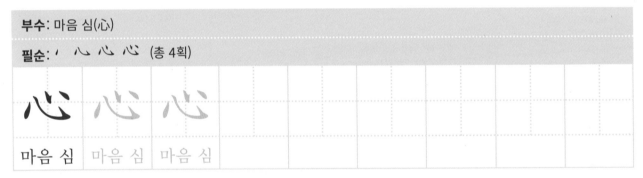

心	身 6급
마음 심	몸 신

심신을 건강하게 만듭니다.

※心身(심신): 마음과 몸

우리 학교는 동네

中 8급	心	地 7급
가운데 중	마음 심	땅 지

중심지에 자리하고 있습니다.

※中心地(중심지): 가운데가 되는 곳

중국어로는 이렇게 읽어요!

jiā
(지아)

家

훈 집 음 **가**

집(宀)에서 돼지(豕)를 키우는 모습의 한자로
집을 뜻해요.

 필순에 따라 훈과 음을 말하며 써 보세요!

부수: 갓머리(宀)

필순: `丶 宀 宀 宁 宁 宇 穷 字 家` (총 10획)

家	家	家			
집 가	집 가	집 가			

 家는 이렇게 쓰여요!

한 가정을 이끌어 가는 사람을

8급

家	長
집 가	어른 장

가장이라고 합니다.

우리는

7급

家	事
집 가	일 사

가사에 바쁜 엄마를 자주 도와드립니다.

※家事(가사): 집안 살림에 관한 일

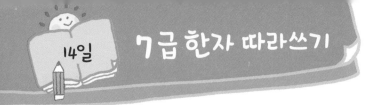

중국어로는 이렇게 읽어요!

mìng (밍)

命

훈 목숨 음 **명**

입(口)으로 명령(令)을 내린다는 의미로
명령, 목숨을 뜻해요.

 필순에 따라 훈과 음을 말하며 써 보세요!

부수: 입 구(口)

필순: ノ 人 人 合 合 命 命 命 (총 8획)

命	命	命					
목숨 명	목숨 명	목숨 명					

 命은 이렇게 쓰여요!

모든  생명은 소중하며 존중 받을 권리가 있습니다.

8급
生	命
날 생	목숨 명

우리나라 선수가 마지막 화살을 과녁에  명중시켰습니다.

8급
命	**中**
목숨 명	가운데 중

※命中(명중): 화살이나 총알이 겨냥한 곳에 바로 맞음

중국어로는 이렇게 읽어요!

huà (후아)

話

훈 말씀 음 화

혀(舌)를 움직여 나오는 말(言)이라는 데서 말씀, 이야기를 뜻해요.

 필순에 따라 훈과 음을 말하며 써 보세요!

부수: 말씀 언(言)

필순: ﹁ ﹁ ﹁ ﹁ 言 言 言 訁 訁 話 話 話 話 (총 13획)

話	話	話						
말씀 화	말씀 화	말씀 화						

話는 이렇게 쓰여요!

오늘날의 통신 수단은 휴대

7급

電 話
번개 전　말씀 화

전화, 인터넷 등이 있습니다.

전교생이 장애우를 위해

7급

手 話
손 수　말씀 화

수화를 배우고 있습니다.

※手話(수화): 손이나 몸짓으로 하는 의사소통 방법

중국어로는 이렇게 읽어요!

biàn
(삐엔)

便

훈 편할 음 **편** | 훈 똥오줌 음 **변**

사람이 사용하기 편하도록 바꾼다는 데서
대변, 소변을 해결하고 나면
편해진다는 의미로 똥오줌도 뜻했어요.

 필순에 따라 훈과 음을 말하며 써 보세요!

부수: 사람인변(亻)

필순: 丿 亻 亻 亻 仃 佢 佢 便 便 (총 9획)

便	便	便					
편할 편	편할 편	편할 편					

 便은 이렇게 쓰여요!

不 便

아니 불 | 편할 편

불편한 부분을 편리하게 만드는 것이 발명입니다.

시골 할머니 집에는 마당 옆에  변소가 있습니다.

便 所

똥오줌 변 | 바 소

※便所(변소): 대소변을 보도록 만들
어 놓은 곳

중국어로는 이렇게 읽어요!

ān
(안)

安

훈 편안 음 안

집(宀)에 여자(女)가 앉아 있는 모습을 본뜬
한자로 편안하다는 뜻이에요.

 필순에 따라 훈과 음을 말하며 써 보세요!

부수: 갓머리(宀)

필순: ` ´ �户 安 安 安 (총 6획)

安	安	安			
편안 안	편안 안	편안 안			

 安은 이렇게 쓰여요!

소방관은 많은 사람의 安 全 [7급] 안전을 지켜 줍니다.
편안 안 온전 전

친환경 농산물로 만든 급식이라 安 心 [7급] 안심하고 먹습니다.
편안 안 마음 심

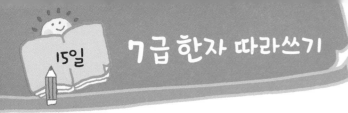

중국어로는 이렇게 읽어요!
xìng
(싱)

姓

훈 성 음 성

여자(女)가 아이를 낳으면(生) 가문의 이름이 같다는 의미로 성을 뜻해요.

 필순에 따라 훈과 음을 말하며 써 보세요!

부수: 계집 녀(女)

필순: ㄑ ㄑ ㄑ 女 女 姓 姓 姓 (총 8획)

姓	姓	姓						
성 성	성 성	성 성						

 姓은 이렇게 쓰여요!

신청서 빈칸에  성명과 생년월일을 적습니다.

7급
姓 名
성 성 이름 명

관리들의 횡포로  백성들의 삶은 갈수록 어려워졌습니다.

7급
百 姓
일백 백 성 성

※百姓(백성): 백 가지 성, 곧 나라를 이루는 국민

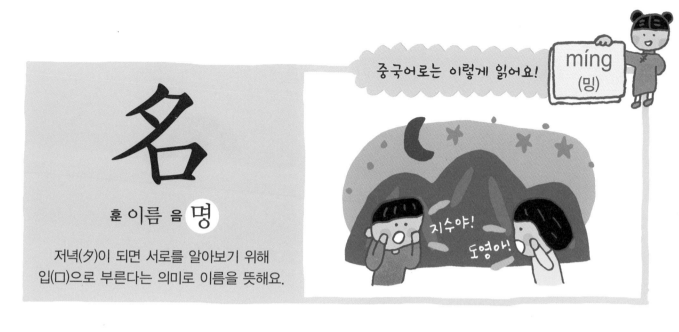

名

훈 이름 음 **명**

저녁(夕)이 되면 서로를 알아보기 위해
입(口)으로 부른다는 의미로 이름을 뜻해요.

중국어로는 이렇게 읽어요!
míng
(밍)

지수야!
도영아!

 필순에 따라 훈과 음을 말하며 써 보세요!

부수: 입 구(口)

필순: ノ ク タ タ 名 名 (총 6획)

名	名	名					
이름 명	이름 명	이름 명					

名은 이렇게 쓰여요!

아인이는 그림을 잘 그리는 친구로

7급

有　名

있을 유　이름 명

유명합니다.

한라산은 우리나라의

8급

名　山

이름 명　메 산

명산 중 하나입니다.

※名山(명산): 잘 알려진 산

1. 다음 한자의 음과 뜻을 바르게 연결하세요.

少 ·   · 편할 ·   · 조

祖 ·   · 할아비 ·   · 소

便 ·   · 목숨 ·   · 편

命 ·   · 적을 ·   · 명

2. 밑줄 친 한자의 훈과 음을 빈칸에 쓰세요.

우리 집 **長男**은 로봇 만들기를 좋아합니다. (   )

孝女 심청을 읽고 연극 활동을 했습니다. (   )

신도시 **中心**에 상업 지구가 있습니다. (   )

手話로 대화를 할 수 있습니다. (   )

재래식 **便所**에서 냄새가 심하게 납니다. (   )

출석부에 짝꿍 **姓名**이 잘못 쓰여 있습니다. (   )

3. 다음 한자의 훈과 음을 쓰세요.

姓　　　話　　　口　　　心

男　　　孝　　　老　　　手

4. 음에 알맞은 한자를 〈보기〉에서 찾아 쓰세요.

보기
力　家　面　足　子　道　安　名

가 [　]　력 [　]　족 [　]　도 [　]

자 [　]　면 [　]　명 [　]　안 [　]

1. 다음 밑줄 친 漢字語(한자어)의 音(음:소리)을 쓰세요.

> **보기**　　　　　　　　　　　　　　漢字 → 한자

(1) 날이 갈수록 농촌은 일손이 不足합니다.　　　　　　　　　(　　　　　)
(2) 예나 지금이나 진정한 孝道는 살아 계실 때 하는 것입니다.　(　　　　)
(3) 진우가 쏜 화살은 과녁에 命中했습니다.　　　　　　　　　(　　　　　)
(4) 이 그림은 祖上 대대로 내려온 집안의 보물입니다.　　　　(　　　　)
(5) 청바지는 남녀老少 누구에게나 잘 어울립니다.　　　　　　(　　　　)
(6) 언니는 세계적으로 有名한 가수가 되었습니다.　　　　　　(　　　　)

2. 다음 漢字(한자)의 訓(훈:뜻)과 音(음:소리)을 쓰세요.

> **보기**　　　　　　　　　　　　　　字 → 글자 자

(1) 口 (　　　　　)　　　　(2) 心 (　　　　　)
(3) 力 (　　　　　)　　　　(4) 名 (　　　　　)
(5) 男 (　　　　　)　　　　(6) 安 (　　　　　)
(7) 子 (　　　　　)　　　　(8) 祖 (　　　　　)
(9) 話 (　　　　　)　　　　(10) 姓 (　　　　　)

3. 다음 밑줄 친 단어의 漢字語(한자어)를 〈보기〉에서 골라 그 번호를 쓰세요.

> **보기**　　　　　① 百姓　　② 便安　　③ 姓名　　④ 祖父

(1) 자, 이제 편안하게 누워서 쉬세요.

(2) 빈칸에 성명을 써 주세요.

4. 다음 訓(훈:뜻)과 音(음:소리)에 맞는 漢字(한자)를 〈보기〉에서 골라 그 번호를 쓰세요.

보기 ① 手 ② 少 ③ 孝 ④ 命 ⑤ 家 ⑥ 老

(1) 목숨 명 (   )   (2) 적을 소 (   )
(3) 손 수   (   )   (4) 늙을 로 (   )

5. 다음 漢字(한자)의 상대 또는 반대되는 漢字(한자)를 〈보기〉에서 골라 그 번호를 쓰세요.

보기 ① 東   ② 南   ③ 口   ④ 足

(1) 手 ↔ (   )   (2) 西 ↔ (   )

6. 다음 뜻에 맞는 漢字語(한자어)를 〈보기〉에서 찾아 그 번호를 쓰세요.

보기 ① 名所   ② 姓名   ③ 安心   ④ 長女

(1) 첫째 딸 (   )   (2) 이름난 경치나 장소 (   )

7. 다음 漢字(한자)의 진하게 표시한 획은 몇 번째 쓰는지 〈보기〉에서 찾아 그 번호를 쓰세요.

보기 ① 첫 번째   ② 두 번째   ③ 세 번째   ④ 네 번째   ⑤ 다섯 번째
⑥ 여섯 번째 ⑦ 일곱 번째 ⑧ 여덟 번째 ⑨ 아홉 번째 ⑩ 열 번째

(1) 命(   )   (2) 安(   )

신체송

★ 〈주먹 쥐고〉 노래에 맞춰 불러 보세요.

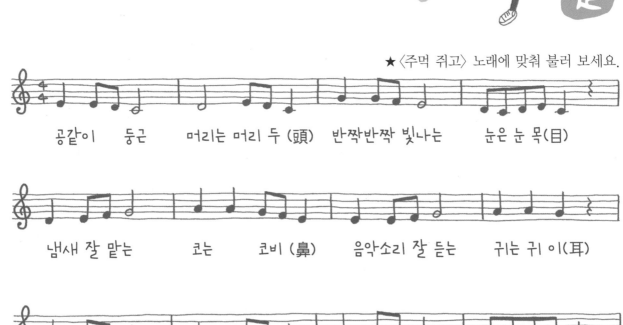

공같이 둥근 머리는 머리 두 (頭) 반짝반짝 빛나는 눈은 눈 목(目)

냄새 잘 맡는 코는 코 비 (鼻) 음악소리 잘 듣는 귀는 귀 이(耳)

냠냠 잘 먹는 입은 입 구 (口) 손은 손 수 (手) 발은 발 족(足)

千

百

答

記

吾

直

正

教育, 수

算

數

文

育

歌

紙

攴

門

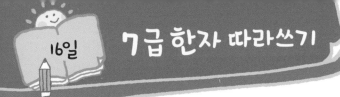
算

중국어로는 이렇게 읽어요!
suàn
(쑤안)

훈 셈 음 **산**

대나무(竹)로 만든 산가지를 가지고(具)
수를 센다는 데서 셈한다는 뜻이에요.

 필순에 따라 훈과 음을 말하며 써 보세요!

부수: 대 죽(竹)

필순: ノ ノ ゲ ゲ 竹 竺 竺 竺 筲 筲 筲 筲 算 算 (총 14획)

算	算	算							
셈 산	셈 산	셈 산							

 算은 이렇게 쓰여요!

수학 시험에서  計算 계산 과정을 쓰는 문제가 나왔습니다.

셀 계　셈 산

6급

생태계를 복원하는 비용을  算出 산출하기는 매우 어렵습니다.

셈 산　날 출

7급

※算出(산출): 계산해 냄

중국어로는 이렇게 읽어요!

shù
(슈)

數

훈 셈 음 **수**

사람이 막대기(攵)를 이용해서 어떤 일을
반복한다(婁)는 의미로 수를 센다는 뜻이에요.

필순에 따라 훈과 음을 말하며 써 보세요!

부수: 등글월문(攵)

필순: 丶 丿 口 甲 甲 串 串 串 串 婁 婁 婁 數 數 數 (총 15획)

數	數	數						
셈 수	셈 수	셈 수						

數는 이렇게 쓰여요!

광화문 광장에

數	萬 ⁸급
셈 수	일만 만

수만 명의 사람들이 모였습니다.

해인이는 점점

數	學 ⁸급
셈 수	배울 학

수학 과목에 흥미가 생겼습니다.

百

훈 일백 음 백

100을 꽉 찬 수로 여겨 백 번 또는 모든 것을 뜻해요.

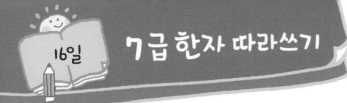

중국어로는 이렇게 읽어요!
bǎi
(바이)
한자시험
100

필순에 따라 훈과 음을 말하며 써 보세요!

부수: 흰 백(白)

필순: 一 丆 了 丙 百 百 (총 6획)

百	百	百						
일백 백	일백 백	일백 백						

百은 이렇게 쓰여요!

졸업식장이 數(7급, 셈 수) 百(일백 백) 수백 명의 학부모들로 꽉 찼습니다.

훈민정음에는 百(일백 백) 姓(7급, 성 성) 백성을 위하는 마음이 담겨 있습니다.

千

훈 **일천** 음 **천**

많은 사람(人)과 '一'을 합친 글자로
일천을 나타내요.

중국어로는 이렇게 읽어요!

qiān
(치엔)

 필순에 따라 훈과 음을 말하며 써 보세요!

부수: 열 십(十)

필순: ⟋ 二 千 (총 3획)

千	千	千							
일천 천	일천 천	일천 천							

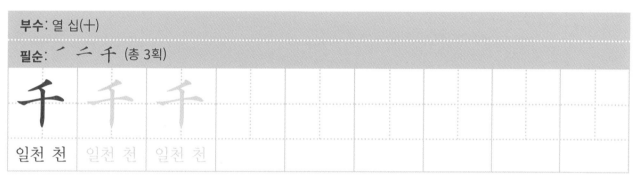 **千은 이렇게 쓰여요!**

千	金 [8급]
일천 천	쇠 금

천금을 준다 해도 지금의 행복과 바꿀 수 없습니다.

※千金(천금): 많은 돈이나 비싼 값을 비유적으로 이르는 말

찬영이는  천자문을 공부하기 시작했습니다.

千	字 [7급]	文 [7급]
일천 천	글자 자	글월 문

※千字文(천자문): 중국 양나라 때 주흥사가 지은 책으로
1,000자로 이루어져 있음

93

중국어로는 이렇게 읽어요!

gōng (꽁)

工

훈 **장인** 음 **공**

물건을 만들 때 쓰는 공구 모양을 본뜬 한자로, 장인을 뜻하게 되었어요.

 필순에 따라 훈과 음을 말하며 써 보세요!

부수: 장인 공(工)								
필순: ⼀ 丁 工 (총 3획)								
工	工	工						
장인 공	장인 공	장인 공						

 工은 이렇게 쓰여요!

지역 안내도에서

工	場 7급
장인 공	마당 장

공장의 위치를 알아봅시다.

우리 동네 호수는

人 8급	工
사람 인	장인 공

인공 호수 입니다.

※人工(인공): 사람의 힘으로 만드는 일

94

중국어로는 이렇게 읽어요!

fū
(푸)

夫

훈 지아비 음 부

상투를 틀고 비녀를 꽂은 사람을
나타낸 한자로 지아비, 사내를 뜻해요.

 필순에 따라 훈과 음을 말하며 써 보세요!

부수: 큰 대(大)

필순: 一 二 ナ 夫 (총 4획)

夫	夫	夫						
지아비 부	지아비 부	지아비 부						

 夫는 이렇게 쓰여요!

가난한  농부는 열심히 일하며 부모님을 모셨습니다.

7급
農 夫
농사 농 · 지아비 부

우리 반 선생님의  부인도 초등학교 교사입니다.

8급
夫 人
지아비 부 · 사람 인

※夫人(부인): 남의 아내를 높여 이르는 말

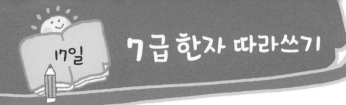

問

훈 물을 음 **문**

문(門) 앞에서 입(口)으로 사람이 있는지
묻는다는 데서 묻다를 뜻해요.

중국어로는 이렇게 읽어요!
wèn (원)

 필순에 따라 훈과 음을 말하며 써 보세요!

부수: 입 구(口)

필순: 丨 冂 冂 冃 冃 冃 門 門 門 問 問 (총 11획)

問	問	問						
물을 문	물을 문	물을 문						

 問은 이렇게 쓰여요!

전화로 외할머니께  問[7급] 安 문안 인사를 드렸습니다.
물을 문 / 편안 안

※問安(문안): 웃어른께 안부를 여쭘

이번 수학 시험에는 어려운  問[6급] 題 문제가 많았습니다.
물을 문 / 제목 제

중국어로는 이렇게 읽어요!

dá
(다)

答

훈 대답 음 답

대나무 쪽(竹)에 편지를 써서 보내면
내용에 걸맞게(合) 답장을 보낸다는 데서
대답한다는 뜻이에요.

 필순에 따라 훈과 음을 말하며 써 보세요!

부수: 대 죽(竹)

필순: ´ ´ ´ ´ ´ ´ ´ ´ ´ ´ ´ ´ ´ ´ ´ 答 答 (총 12획)

答	答	答					
대답 답	대답 답	대답 답					

 答은 이렇게 쓰여요!

이 문제의  정답은 두 개입니다.

7급
正 答
바를 정 | 대답 답

우리 반 발표 수업은  문답 형식으로 진행됩니다.

7급
問 答
물을 문 | 대답 답

※問答(문답): 서로 묻고 대답함

중국어로는 이렇게 읽어요!

wén
(원)

文

훈 글월 음 **문**

사람의 몸에 그린 무늬를 나타낸 한자로
글이나 문장의 뜻으로 쓰였어요.

 필순에 따라 훈과 음을 말하며 써 보세요!

부수: 글월 문(文)								
필순: ` 一 ナ 文 (총 4획)								
文	文	文						
글월 문	글월 문	글월 문						

 文은 이렇게 쓰여요!

다양한

文	學 8급
글월 문	배울 학

문학 작품을 읽으며 토론해 봅시다.

※文學(문학): 사상이나 감정을 언어로 표현한 예술

독서 장려 행사에

文	人 8급
글월 문	사람 인

문인과의 만남 시간이 있습니다.

※文人(문인): 문학 작품을 창작하는 사람

字

훈 글자 음 **자**

집(宀)에 자식(子)이 태어나 사람 수가
늘어나듯이 글자 수가 계속 늘어난 데서
글자를 뜻하게 되었어요.

중국어로는 이렇게 읽어요!
$Zì$ (쯔)

 필순에 따라 훈과 음을 말하며 써 보세요!

부수: 아들 자(子)

필순: ` 丶 宀 宀 字 字 字 (총 6획)

字	字	字							
글자 자	글자 자	글자 자							

 字는 이렇게 쓰여요!

국어 활동 시간에  정자 쓰기 연습을 합니다.

正[7급] 字
바를 정 · 글자 자

※正字(정자): 모양이 바르고 또박또박 쓴 글자

우리나라의 한글은 과학적이고도 편리한  문자입니다.

文[7급] 字
글월 문 · 글자 자

중국어로는 이렇게 읽어요!

hàn
(한)

漢

훈 한수/한나라 음 **한**

원래는 중국 양자강에 있는 강의 이름이었는데,
강 옆에 수도를 정한 한나라를 뜻하기도 해요.

 필순에 따라 훈과 음을 말하며 써 보세요!

부수: 삼수변(氵)

필순: ` ` 氵 氵 汁 汁 汁 浐 浐 浐 淕 淖 漢 漢 (총 14획)

漢	漢	漢					
한수 한	한수 한	한수 한					

 漢은 이렇게 쓰여요!

매일 아침 | 漢 字 [7급] | 한자를 재미있게 공부하고 있습니다.
한나라 한 / 글자 자

겨울에 | 漢 江 [7급] | 한강 얼음을 잘라 보관하던 창고가 서빙고입니다.
한수 한 / 강 강

※漢江(한강): 서울 한복판을 가로질러 흐르는 강

중국어로는 이렇게 읽어요!

yǔ (위)

語

훈 말씀 음 어

다른 사람과 자신의 생각을 말(言)로 나눈다는 데서 말한다는 뜻이에요.

 필순에 따라 훈과 음을 말하며 써 보세요!

부수: 말씀 언(言)
필순: ` 丶 亠 言 言 言 言 言 訂 訶 語 語 語 語 (총 14획)

語	語	語						
말씀 어	말씀 어	말씀 어						

 語는 이렇게 쓰여요!

참고서에서  용어 풀이를 찾아보면 숙제하는 데 도움이 됩니다.

※用語(용어): 어떤 분야에서 자주 쓰는 말

외교관이 꿈인 오빠는  외국어 공부를 열심히 합니다.

101

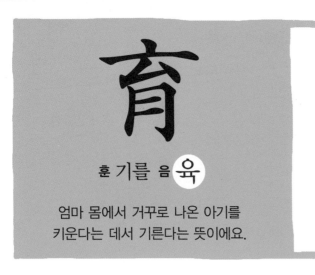

중국어로는 이렇게 읽어요!

yù (위)

훈 기를 음 육

엄마 몸에서 거꾸로 나온 아기를 키운다는 데서 기른다는 뜻이에요.

 필순에 따라 훈과 음을 말하며 써 보세요!

부수: 육달월(月)

필순: ` ㅗ ㅗ 云 소 育 育 育 (총 8획)

育	育	育					
기를 육	기를 육	기를 육					

 育은 이렇게 쓰여요!

교장 선생님은 평생을 어린이

8급	
教	育
가르칠 교	기를 육

교육에 헌신했습니다.

6급	
體	育
몸 체	기를 육

체육 선생님이 뜀틀을 이고 나오셨습니다.

중국어로는 이렇게 읽어요!

xiū
(쉬우)

休

훈 쉴 음 휴

사람(亻)이 나무(木) 아래에서 쉬고 있는
모습에서 쉰다는 뜻이에요.

🖌️ **필순에 따라 훈과 음을 말하며 써 보세요!**

부수: 사람인변(亻)

필순: ノ 亻 亻 什 休 休 (총 6획)

休	休	休						
쉴 휴	쉴 휴	쉴 휴						

🖌️ **休는 이렇게 쓰여요!**

준혁이네 가족은 지난  휴일에 민속촌에 갔습니다.

休 日
쉴 휴 | 날 일
8급

유미는  휴학을 하고 외국에서 지내고 있습니다.

休 學
쉴 휴 | 배울 학
8급

※休學(휴학): 질병이나 그 밖의 사정으로 일정 기간 학교를 쉬는 일

103

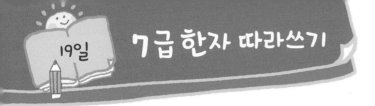

7급 한자 따라쓰기

중국어로는 이렇게 읽어요!

dēng
(떵)

登
훈 오를 음 등

제기를 들고 제단 위로 걸어 올라가는
모습을 나타낸 한자로 오른다는 뜻이에요.

 필순에 따라 훈과 음을 말하며 써 보세요!

부수: 필발머리(癶)

필순: ㄱ ㄯ ㄣ ㄣ 癶 癶 癶 登 登 登 登 登 (총 12획)

登	登	登					
오를 등	오를 등	오를 등					

 登은 이렇게 쓰여요!

금요일은 일찍  등교해서 독서 활동을 합니다.

登	校 8급
오를 등	학교 교

주말이면 우리 가족은 관악산으로  등산을 갑니다.

登	山 8급
오를 등	메 산

중국어로는 이렇게 읽어요!

jì
(지)

記

훈 기록할 음 기

사람의 말(言)을 바르게 가다듬는다는 데서
기록한다는 뜻이에요.

필순에 따라 훈과 음을 말하며 써 보세요!

부수: 말씀 언(言)

필순: ` 亠 亖 言 言 言 言 訂 訂 記 (총 10획)

記	記	記							
기록할 기	기록할 기	기록할 기							

記는 이렇게 쓰여요!

날마다

8급

日	記
날 일	기록할 기

일기를 쓰다 보니 글짓기 솜씨가 늘었습니다.

환경 보호를 다루는 신문

7급

記	事
기록할 기	일 사

기사를 찾아 정리해 봅시다.

※記事(기사): 신문이나 잡지에서 어떤 사실
을 알리는 글

중국어로는 이렇게 읽어요! ge (꺼)

歌

훈 노래 음 **가**

하품하듯이(欠) 입을 벌리고 소리내어
노래(哥)한다는 데서 노래를 뜻해요.

 필순에 따라 훈과 음을 말하며 써 보세요!

부수: 하품 흠(欠)										
필순: 一 丆 亓 亓 哥 哥 哥 哥 哥 哥 歌 歌 歌 歌 (총 14획)										
歌	歌	歌								
노래 가	노래 가	노래 가								

 歌는 이렇게 쓰여요!

저는  가수의 꿈을 꼭 이루고 싶습니다!

7급	
歌	手
노래 가	손 수

전교생이 다 함께  교가를 힘차게 불렀습니다.

8급	
校	歌
학교 교	노래 가

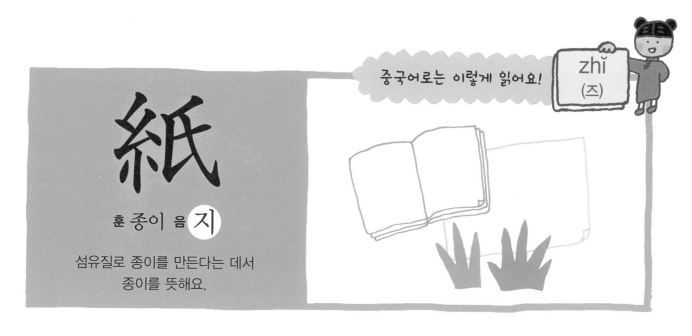

중국어로는 이렇게 읽어요!

zhǐ
(즈)

紙

훈 종이 음 지

섬유질로 종이를 만든다는 데서
종이를 뜻해요.

 필순에 따라 훈과 음을 말하며 써 보세요!

부수: 실사변(糸)
필순: ⺯ ⺯ ⺯ ⺯ ⺯ 糸 糸 紅 紙 紙 (총 10획)

紙	紙	紙						
종이 지	종이 지	종이 지						

 紙는 이렇게 쓰여요!

어버이날을 맞아 부모님께

7급	
便	紙
편할 편	종이 지

편지를 썼습니다.

한자 시험은 문제지와

7급	
答	紙
대답 답	종이 지

답지가 따로 있습니다.

※答紙(답지): 답을 적는 종이

중국어로는 이렇게 읽어요!

zhèng
(정)

正

훈 바를 음 **정**

목표 지점(一)으로 가서(止) 정벌한다는 데서
바로잡다, 바르다는 뜻이에요.

 필순에 따라 훈과 음을 말하며 써 보세요!

부수: 그칠 지(止)										
필순: 一 丁 下 止 正 (총 5획)										
正	正	正								
바를 정	바를 정	바를 정								

 正은 이렇게 쓰여요!

항상

7급	
正	直
바를 정	곧을 직

정직한 자세로 가족이나 친구를 대합시다.

※正直(정직): 마음에 거짓이나 꾸밈이 없이 바르고 곧음

학교

8급	
正	門
바를 정	문 문

정문에 들어서면 개나리가 우리를 반겨 줍니다.

※正門(정문): 건물의 정면에 있는 문

중국어로는 이렇게 읽어요!

zhí
(즈)

直

훈 곧을 음 직

눈(目) 위에 일직선을 그은 모습으로 앞쪽을
똑바르게 바라본다는 데서 곧다는 뜻이에요.

 필순에 따라 훈과 음을 말하며 써 보세요!

부수: 눈 목(目)

필순: 一 十 十 古 古 首 直 直 (총 8획)

直	直	直						
곧을 직	곧을 직	곧을 직						

 直은 이렇게 쓰여요!

집에 들어온 直後에 손발을 씻었습니다.

7급

곧을 직 | 뒤 후

※直後(직후): 어떤 일이 있고 난 바로 다음

한 각이 直角인 삼각형을 직각 삼각형이라고 합니다.

6급

곧을 직 | 뿔 각

※直角(직각): 두 직선이 만나서 이루는 90도의 각

1. 단어와 어울리는 한자를 찾아 선으로 연결하세요.

휴식 •

등교 •

교가 •

수학 •

천자문 •

한자 •

교육 •

일기 •

• 歌

• 登

• 休

• 千

• 育

• 數

• 記

• 漢

2. 다음 한자의 훈과 음을 쓰세요.

算   百   紙   答

文   育   歌   數

3. 음에 알맞은 한자를 〈보기〉에서 찾아 쓰세요.

보기

工   問   字   正   直   千   夫   語

정   천   자   직

공   문   어   부

1. 다음 밑줄 친 漢字語(한자어)의 音(음:소리)을 쓰세요.

> 보기
>
> 漢字 → 한자

(1) 수온 상승으로 물고기 數千 마리가 떼죽음을 당했습니다.　（　　　）
(2) 삼촌은 우주 과학 工夫를 계속하려고 합니다.　（　　　）
(3) 외국에서 태어난 사촌 동생은 3개 國語를 말할 수 있습니다. （　　　）
(4) 休日이면 마을 뒷산은 등산객으로 가득합니다.　（　　　）
(5) 초등학생이 된 동생은 그림日記를 쓰기 시작했습니다.　（　　　）
(6) 졸업식장에 校歌가 크게 울려 퍼집니다.　（　　　）

2. 다음 漢字(한자)의 訓(훈:뜻)과 音(음:소리)을 쓰세요.

> 보기
>
> 字 → 글자 자

(1) 百　（　　　　　）　(2) 文　（　　　　　）
(3) 語　（　　　　　）　(4) 登　（　　　　　）
(5) 正　（　　　　　）　(6) 數　（　　　　　）
(7) 歌　（　　　　　）　(8) 休　（　　　　　）
(9) 話　（　　　　　）　(10) 千　（　　　　　）

3. 다음 밑줄 친 단어의 漢字語(한자어)를 〈보기〉에서 골라 그 번호를 쓰세요.

> 보기
>
> ① 教育　② 問答　③ 歌手　④ 正直

(1) 우리집 가훈은 정직과 사랑입니다.

(2) 엄마는 한글 교육 자원봉사를 하십니다.

4. 다음 訓(훈:뜻)과 音(음:소리)에 맞는 漢字(한자)를 〈보기〉에서 골라 그 번호를 쓰세요.

① 算 ② 直 ③ 紙 ④ 答 ⑤ 育 ⑥ 問

(1) 곧을 직　(　　　　　) 　　(2) 기를 육　(　　　　　)
(3) 종이 지　(　　　　　) 　　(4) 대답 답　(　　　　　)

5. 다음 漢字(한자)의 상대 또는 반대되는 漢字(한자)를 〈보기〉에서 골라 그 번호를 쓰세요.

① 問　② 火　③ 間　④ 木

(1) 水　↔　(　　　　　) 　　(2) 答　↔　(　　　　　)

6. 다음 뜻에 맞는 漢字語(한자어)를 〈보기〉에서 찾아 그 번호를 쓰세요.

① 問答　② 文字　③ 白紙　④ 工夫

(1) 묻고 대답함 (　　　　) (2) 흰 종이, 아무것도 적지 않은 빈 종이 (　　　　)

7. 다음 漢字(한자)의 진하게 표시한 획은 몇 번째 쓰는지 〈보기〉에서 찾아 그 번호를 쓰세요.

① 첫 번째　② 두 번째　③ 세 번째　④ 네 번째　⑤ 다섯 번째
⑥ 여섯 번째　⑦ 일곱 번째　⑧ 여덟 번째　⑨ 아홉 번째　⑩ 열 번째

(1) 歌 (　　　　) 　　　　(2) 文 (　　　　)

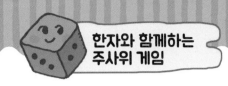
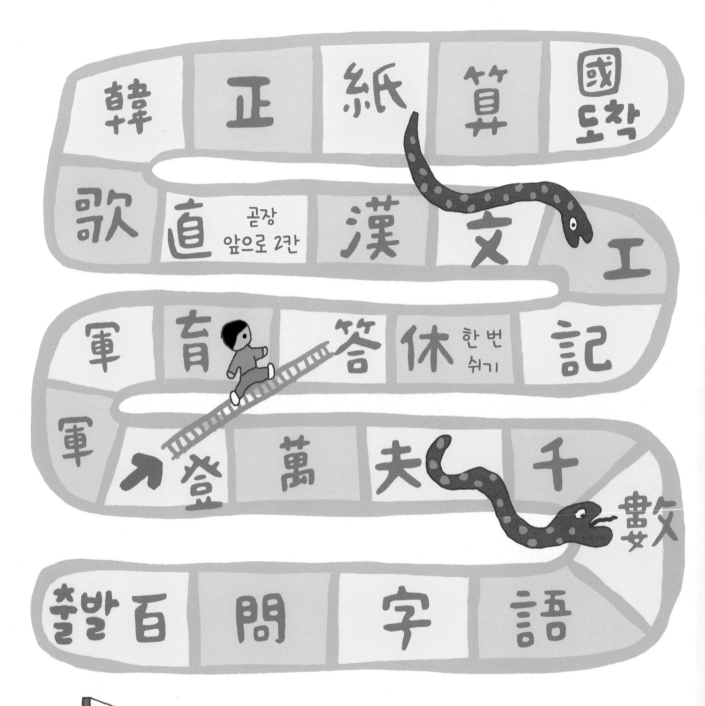

놀이 방법

- 주사위와 말을 준비합니다.
- 주사위 숫자만큼 말을 움직여 나온 한자의 훈과 음을 말하여 맞으면 말을 두고, 틀리면 원래 자리로 돌아옵니다.
- 사다리나 뱀이 나오면 가리키는 곳으로 이동합니다.

사회, 계절

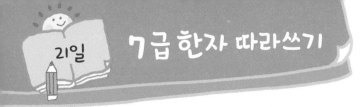

중국어로는 이렇게 읽어요!

shì
(스)

世

훈 인간 음 세

나뭇가지가 뻗어 나온 모양을 본뜬 한자로
세대, 인간을 뜻해요.

 필순에 따라 훈과 음을 말하며 써 보세요!

부수: 한 일(一)

필순: 一 十 卅 卅 世 (총 5획)

世	世	世							
인간 세	인간 세	인간 세							

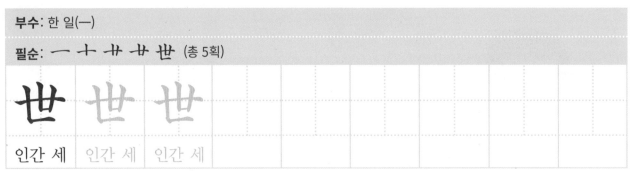 **世는 이렇게 쓰여요!**

눈이 내리자 온

世	上 [7급]
인간 세	윗 상

세상이 하얗게 변했습니다.

世	界 [6급]
인간 세	지경 계

세계 여러 나라의 결혼 문화에 대해 알아봅시다.

事

훈 일 음 사

깃발 단 깃대를 손으로 세우고 있는 모양을
본뜬 한자로 일, 섬기다는 뜻이에요.

중국어로는 이렇게 읽어요!

shì
(스)

 필순에 따라 훈과 음을 말하며 써 보세요!

부수: 갈고리궐(亅)

필순: 一 丆 丆 冂 円 亐 写 写 事 (총 8획)

事	事	事			
일 사	일 사	일 사			

事는 이렇게 쓰여요!

삼촌은 새로운 기술을 개발해서

事	業
일 사	업 업

6급

사업을 확장했습니다.

※事業(사업): 어떤 일을 관리하고
운용하는 일

사람이나

事	物
일 사	물건 물

7급

사물의 소리를 흉내 낸 말을 '소리시늉말'이라
합니다.

훈 빌 음 **공**

공구(工)로 구멍(穴)을 파낸 모양을 본뜬 한자로
텅 비었다는 의미나 하늘을 뜻해요.

중국어로는 이렇게 읽어요!

kòng
(콩)

 필순에 따라 훈과 음을 말하며 써 보세요!

부수: 구멍 혈(穴)

필순: ` ´ ´ 宀 宀 宇 空 空 空 (총 8획)

空	空	空					
빌 공	빌 공	빌 공					

空은 이렇게 쓰여요!

대중교통을 이용하면  공기 오염을 줄일 수 있습니다.

空 [7급] 氣
빌 공 · 기운 기

나의 꿈은 하늘을 지키는  공군 전투기 조종사입니다.

空 [8급] 軍
빌 공 · 군사 군

※空軍(공군): 공중에서 임무를 다하는 군대

중국어로는 이렇게 읽어요!

qì (치)

氣

훈 **기운** 음 **기**

숨을 쉴 때 내뿜는 기운(气)에 '米'(쌀 미)가 합쳐진 한자로 기운, 공기를 뜻해요.

 필순에 따라 훈과 음을 말하며 써 보세요!

부수: 기운기엄(气)

필순: ´ ㅡ ㅡ 气 气 気 気 氣 氣 氣 (총 10획)

氣	氣	氣				
기운 기	기운 기	기운 기				

氣는 이렇게 쓰여요!

민호는 놀란  기색이 전혀 없이 말을 이어갔습니다.

7급
氣 色
기운 기 | 빛 색

※氣色(기색): 마음 상태에 따라 얼굴에 나타나는 빛

방학이 끝나고 다시 만난 친구들은  생기가 넘쳤습니다.

8급
生 氣
날 생 | 기운 기

※生氣(생기): 활발하고 생생한 기운

119

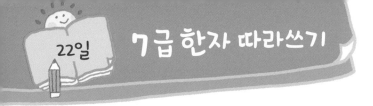

立

훈 설 음 립

사람이 서 있는 모양을 본뜬 한자로
서다, 세우다는 뜻이에요.

중국어로는 이렇게 읽어요!

lì
(리)

 필순에 따라 훈과 음을 말하며 써 보세요!

부수: 설 립(立)

필순: ' ㅗ ㅗ 굿 立 (총 5획)

立	立	立						
설 립	설 립	설 립						

 立은 이렇게 쓰여요!

사촌 오빠가 이번에

國 立
나라 국　설 립
8급

국립 대학교에 입학했습니다.

※國立(국립): 나라의 돈으로 세우고 관리함

立 冬
설 립　겨울 동
7급

입동이 되자 아침 공기가 차갑습니다.

※立冬(입동): 24절기 중 하나로 겨울의 시작되는 시기

중국어로는 이렇게 읽어요!

diàn
(띠엔)

훈 **번개** 음 **전**

번개가 치는 모양의 '申(펼 신)'에 '雨(비 우)'를
더하여 번개나 전기를 뜻해요.

 ## 필순에 따라 훈과 음을 말하며 써 보세요!

부수: 비 우(雨)

필순: 一 一 一 一 一 一 一 一 一 一 一 一 一 電 (총 13획)

電	電	電			
번개 전	번개 전	번개 전			

 ## 電은 이렇게 쓰여요!

환경을 위해

전기 자동차를 많이 이용해야 합니다.

電	氣 7급
번개 전	기운 기

※電氣(전기): 전자의 이동으로 생기는 에너지

전동차 문에 몸을 기대면 위험합니다.

電	動 7급	車 7급
번개 전	움직일 동	수레 차

※電動車(전동차): 전기의 힘으로 움직이는 열차

중국어로는 이렇게 읽어요!

shí
(스)

食

훈 밥/먹을 음 **식**

뚜껑 있는 그릇에 음식이 담겨 있는 모양을
본뜬 한자로 먹다, 밥을 뜻해요.

 필순에 따라 훈과 음을 말하며 써 보세요!

부수: 밥 식(食)
필순: ノ 𠆢 𠆢 亼 今 今 食 食 食 (총 9획)

食	食	食					
밥 식	밥 식	밥 식					

食은 이렇게 쓰여요!

옛날과 오늘날의

衣 6급	食	住 7급
옷 의	밥 식	살 주

의식주를 비교해 봅시다.

※衣食住(의식주): 옷과 음식과 집. 생활의
세 가지 기본 요소

감기약은 하루 세 번

食	後 7급
먹을 식	뒤 후

식후에 먹습니다.

※食後(식후): 밥을 먹은 후

중국어로는 이렇게 읽어요!

ché
(쳐)

車

훈 수레 음 거 | 훈 수레 음 차

수레의 바퀴 모양을 본뜬 한자예요.

필순에 따라 훈과 음을 말하며 써 보세요!

부수: 수레 거(車)

필순: 一 ㄱ 百 百 亘 亘 車 (총 7획)

車	車	車				
수레 차	수레 차	수레 차				

車는 이렇게 쓰여요!

아빠는

自 [7급] 動 [7급] 車

스스로 자 움직일 동 수레 차

자동차로 출퇴근합니다.

옛날에는 사람이 끄는 교통수단인

人 [8급] 力 [7급] 車

사람 인 힘 력 수레 거

인력거가 있었습니다.

※車는 사람의 힘으로 움직이는 것은 '거',
사람의 힘이 필요 없는 것은 '차'로 읽어요.

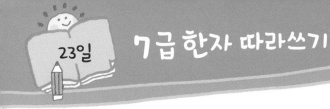

23일

7급 한자 따라쓰기

중국어로는 이렇게 읽어요!

bù
(뿌)

不

훈 아닐 음 불 | 훈 아닐 음 부

식물의 씨방 모양을 본뜬 한자인데
아니다는 뜻으로 쓰였어요.

 필순에 따라 훈과 음을 말하며 써 보세요!

부수: 한 일(一)

필순: ㄱ ㄱ ㄱ 不 (총 4획)

不	不	不						
아닐 불	아닐 불	아닐 불						

 不은 이렇게 쓰여요!

할아버지의 병세가 더 나빠질까봐

 불안했습니다.

종이학을 계속 접어도 병에 채우기엔 턱없이

 부족했어요.

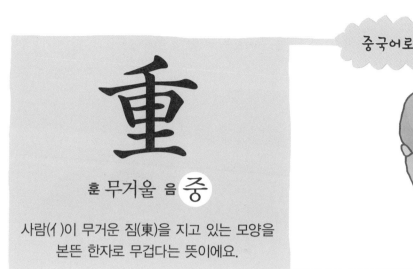

重

훈 무거울 음 중

사람(亻)이 무거운 짐(東)을 지고 있는 모양을
본뜬 한자로 무겁다는 뜻이에요.

중국어로는 이렇게 읽어요!

zhòng
(종)

 필순에 따라 훈과 음을 말하며 써 보세요!

부수: 마을 리(里)

필순: ノ ー ㅓ ㅓ 亩 亩 盲 重 重 (총 9획)

重　重　重

무거울 중　무거울 중　무거울 중

重은 이렇게 쓰여요!

지구가 공처럼 둥근 것은

重　力

무거울 중　힘 력

7급

중력 때문입니다.

※重力(중력): 지구가 지구 위에 있는 물체를
　끄는 힘

키가 크면서

體　重

몸 체　무거울 중

6급

체중도 많이 늘었습니다.

※體重(체중): 몸무게

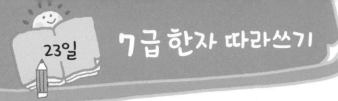

중국어로는 이렇게 읽어요!
tóng
(통)

同

훈 한가지 음 동

사람들의 입(口)으로 말하는 것이 하나(一)로 모인다는 데서 한가지, 같다는 뜻이에요.

 필순에 따라 훈과 음을 말하며 써 보세요!

부수: 입 구(口)

필순: 丨 冂 冂 同 同 同 (총 6획)

同	同	同						
한가지 동	한가지 동	한가지 동						

 同은 이렇게 쓰여요!

내  동생은 올해 초등학교 1학년이 되었습니다.

同	生 |8급
한가지 동	날 생

소나기가 내리는 것과  동시에 천둥소리가 들렸습니다.

同	時 |7급
한가지 동	때 시

※同時(동시): 같은 때

126

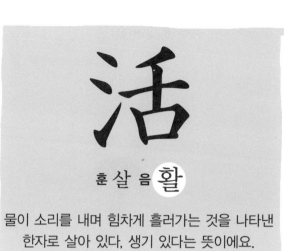

活

훈 살 음 활

물이 소리를 내며 힘차게 흘러가는 것을 나타낸 한자로 살아 있다, 생기 있다는 뜻이에요.

중국어로는 이렇게 읽어요!

huó
(후어)

필순에 따라 훈과 음을 말하며 써 보세요!

부수: 삼수변(氵)

필순: ` ` 氵 氵 氵 汗 汗 活 活 (총 9획)

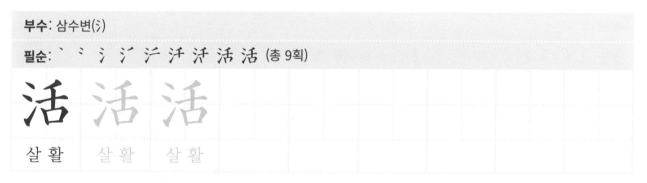

活 活 活

살 활　살 활　살 활

活은 이렇게 쓰여요!

방학 때도 규칙적인

8급
生 活
날 생　살 활

생활 습관이 중요합니다.

※生活(생활): 사람이나 동물이 일정한 환경에서 활동하며 살아감

미술 시간에 폐품을

6급
活 用
살 활　쓸 용

활용해 작품을 만들었습니다.

※活用(활용): 잘 응용함

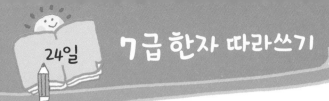
중국어로는 이렇게 읽어요!

qí (치)

旗

훈 기 음 **기**

바람에 휘날리는 네모 모양의 깃발을
나타낸 한자예요.

✏️ 필순에 따라 훈과 음을 말하며 써 보세요!

부수: 모 방(方)

필순: `丶 亠 ㇇ 方 方 方 㢧 斻 斻 斿 旗 旗 旗 旗` (총 14획)

旗	旗	旗							
기 기	기 기	기 기							

🐌 旗는 이렇게 쓰여요!

삼일절에 집집마다

國 〔8급〕	旗
나라 국	기 기

국기를 계양하여 애국심을 기립니다.

옆 학교 야구단이 결국

白 〔8급〕	旗
흰 백	기 기

백기를 들었습니다.

※白旗(백기): 항복의 뜻을 나타내는 기

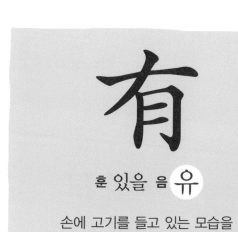

중국어로는 이렇게 읽어요!

yǒu
(여우)

有

훈 **있을** 음 **유**

손에 고기를 들고 있는 모습을
본뜬 한자로 가지다, 있다는 뜻이에요.

필순에 따라 훈과 음을 말하며 써 보세요!

부수: 달 월(月)

필순: ノ ナ ナ 冇 有 有 (총 6획)

有	有	有				
있을 유	있을 유	있을 유				

有는 이렇게 쓰여요!

우리 지역에　**有** **形**〔6급〕　유형 문화재가 몇 개나 있는지 찾아봅시다.

있을 유　모양 형

※有形(유형): 실제로 형태가 있음

축구 신동 강호가 있는 우리 반이 시합에　**有** **利**〔6급〕　유리합니다.

있을 유　이할 리

※有利(유리): 이익이 있음

중국어로는 이렇게 읽어요!

ping (핑)

平

훈 평평할 음 평

물 위에 뜬 물풀을 본뜬 한자로
평평하다는 뜻이에요.

 필순에 따라 훈과 음을 말하며 써 보세요!

부수: 방패 간(干)

필순: 一 ㄱ 厂 厸 釆 平 (총 5획)

平	平	平					
평평할 평	평평할 평	평평할 평					

 平은 이렇게 쓰여요!

이번 포스터 그리기 주제는  평화입니다.

平 [6급] 和
평평할 평 / 화할 화

※平和(평화): 갈등이 없이 평온함

할머니는  평생 어려운 사람을 도우며 사셨다고 합니다.

平 生 [8급]
평평할 평 / 날 생

※平生(평생): 사람이 태어나서 죽을 때까지의 동안

중국어로는 이렇게 읽어요!

quán
(취엔)

全

훈 온전 음 전

집안에 구슬을 보관하는 것을 나타낸 한자로 온전하다는 뜻이에요.

 필순에 따라 훈과 음을 말하며 써 보세요!

부수: 들 입(入)

필순: ノ 入 仝 仝 全 全 (총 6획)

全	全	全						
온전 전	온전 전	온전 전						

 全은 이렇게 쓰여요!

현아는 그림 그리기 대회에서

全	校
온전 전	학교 교

8급

전교 1등을 했습니다.

※全校(전교): 한 학교의 전체

全	國
온전 전	나라 국

8급

전국 각지에서 가을 축제가 한창입니다.

※全國(전국): 온 나라

중국어로는 이렇게 읽어요!

chūn
(춘)

春

훈 **봄** 음 **춘**

따뜻한 햇볕(日)에 풀(艸)이 자라나는 모양을
본뜬 한자로 봄, 젊은 나이를 뜻해요.

 필순에 따라 훈과 음을 말하며 써 보세요!

부수: 날 일(日)

필순: 一 二 三 丰 夫 表 表 春 春 (총 9획)

春	春	春					
봄 춘	봄 춘	봄 춘					

 春은 이렇게 쓰여요!

큰 언니는 스물다섯 살, 꽃다운  청춘입니다.

※靑春(청춘): 십 대 후반에서 이십 대
무렵의 젊은 나이나 시절

선생님이 할머니의  춘추를 물어보셨습니다.

※春秋(춘추): 봄과 가을, 어른의 나이를 높여 이르는 말

132

夏

훈 여름 음 하

머리에 탈을 쓰고 춤추고 있는 모양을 나타낸 한자로, 여름에 제사를 지내며 춤춘다는 데서 여름을 뜻해요.

중국어로는 이렇게 읽어요!

xià
(시아)

 필순에 따라 훈과 음을 말하며 써 보세요!

부수: 천천히걸을쇠발(夂)

필순: 一 丆 丆 历 历 百 百 百 百 頁 夏 夏 (총 10획)

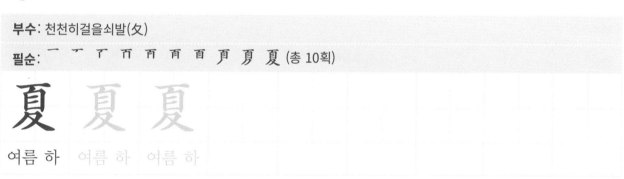

여름 하 | 여름 하 | 여름 하

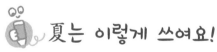 夏는 이렇게 쓰여요!

올해는 **立**[7급] **夏** 입하가 지나자마자 무더위가 시작되었습니다.
설 립 여름 하

※立夏(입하): 24절기 중 하나로 여름이 시작되는 시기

중학생 오빠는 내일부터 **夏** **服**[6급] 하복을 입고 등교합니다.
여름 하 옷 복

※夏服(하복): 여름철에 입는 옷

중국어로는 이렇게 읽어요!

qiū (치어우)

秋

훈 가을 음 **추**

논의 벼(禾)가 햇볕(火)에 잘 익어가는 시기를
나타낸 한자로 가을을 뜻해요.

 필순에 따라 훈과 음을 말하며 써 보세요!

부수: 벼 화(禾)

필순: ⺣ ⺧ 千 禾 禾 禾 秒 秋 秋 (총 9획)

秋	秋	秋					
가을 추	가을 추	가을 추					

 秋는 이렇게 쓰여요!

추석에는 온 가족이 함께 즐거운 시간을 보냅니다.

입추가 되자 무더위도 한풀 꺾이기 시작했습니다.

※立秋(입추): 24절기 중 하나로 가을이 시작되는 시기

134

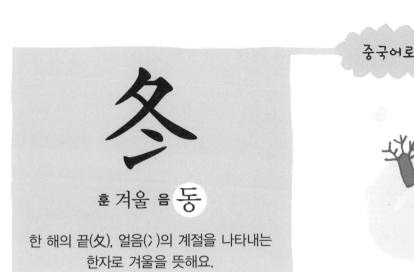

훈 겨울 음 동

한 해의 끝(夂), 얼음(冫)의 계절을 나타내는
한자로 겨울을 뜻해요.

중국어로는 이렇게 읽어요!

dōng
(똥)

필순에 따라 훈과 음을 말하며 써 보세요!

부수: 이수변(冫)

필순: ㇒ ㇇ 夂 夂 冬 (총 5획)

冬	冬	冬					
겨울 동	겨울 동	겨울 동					

冬은 이렇게 쓰여요!

오늘은 겨울이 시작된다는 절기인

立 [7급]
설 립

冬
겨울 동

입동입니다.

冬 [4급]
겨울 동

至
이를 지

동지에는 팥죽을 먹어야 건강한 기운을 받습니다.

※冬至(동지): 24절기 중 하나로 밤이 가장 길고 낮이 가장 짧은 날

1. 다음 한자가 쓰인 말을 찾아 ○ 표시해 보세요.

電   나무   식당   번개

有   운동장   유명   숲

同   동생   남자   효녀

旗   태극기   어촌   백성

春   사이   봄꽃   마을

車   자동차   할머니   생명

2. 다음 한자의 음과 뜻을 바르게 연결하세요.

事 •   • 여름 •   • 사

氣 •   • 밥 •   • 식

夏 •   • 일 •   • 하

食 •   • 기운 •   • 공

空 •   • 빌 •   • 기

3. 다음 한자의 훈과 음을 쓰세요.

電　　同　　有　　冬

平　　活　　事　　旗

4. 음에 알맞은 한자를 〈보기〉에서 찾아 쓰세요.

보기

全　不　世　秋　立　車　活　重

세 　　불 　　전 　　중

추 　　거 　　활 　　립

7급 제5회 기출 및 예상 문제

1. 다음 밑줄 친 漢字語(한자어)의 音(음:소리)을 쓰세요.

> **보기**
> 漢字 → 한자

(1) 흰 눈이 온 世上을 하얗게 덮었습니다. ( )
(2) 약은 하루 세 번, 食後 30분에 드세요. ( )
(3) 우리에게는 所重히 간직하고 싶은 비밀이 있습니다. ( )
(4) 내 同生은 항상 방긋방긋 웃어서 더 예쁩니다. ( )
(5) 내일은 도서관 청소 봉사活動을 하는 날입니다. ( )
(6) 不平을 늘어놓는다고 일이 해결되지는 않습니다. ( )

2. 다음 漢字(한자)의 訓(훈:뜻)과 音(음:소리)을 쓰세요.

> **보기**
> 字 → 글자 자

(1) 世 ( )   (2) 同 ( )
(3) 室 ( )   (4) 重 ( )
(5) 間 ( )   (6) 平 ( )
(7) 夏 ( )   (8) 活 ( )
(9) 農 ( )   (10) 八 ( )

3. 다음 밑줄 친 단어의 漢字語(한자어)를 〈보기〉에서 골라 그 번호를 쓰세요.

> **보기**
> ① 空軍   ② 重大   ③ 生活   ④ 活動

(1) 이제는 중대한 결정을 해야 할 때입니다.

(2) 너희 집은 우리 집과 생활 방식이 많이 비슷하구나.

4. 다음 訓(훈:뜻)과 音(음:소리)에 맞는 漢字(한자)를 〈보기〉에서 골라 그 번호를 쓰세요.

보기   ① 立 ② 電 ③ 旗 ④ 冬 ⑤ 車 ⑥ 氣

(1) 번개 전　(　　　　　)　　　(2) 수레 거　(　　　　　　)
(3) 기 기　(　　　　　)　　　(4) 기운 기　(　　　　　　)

5. 다음 漢字(한자)의 상대 또는 반대되는 漢字(한자)를 〈보기〉에서 골라 그 번호를 쓰세요.

보기   ① 地　② 內　③ 冬　④ 夕

(1) 外　↔　(　　　　　)　　　(2) 夏　↔　(　　　　　)

6. 다음 뜻에 맞는 漢字語(한자어)를 〈보기〉에서 찾아 그 번호를 쓰세요.

보기   ① 立秋　② 靑春　③ 活氣　④ 全校

(1) 가을이 시작되는 시기 (　　　　　) (2) 한 학교의 전체 (　　　　)

7. 다음 漢字(한자)의 진하게 표시한 획은 몇 번째 쓰는지 〈보기〉에서 찾아 그 번호를 쓰세요.

보기　① 첫 번째　② 두 번째　③ 세 번째　④ 네 번째　⑤ 다섯 번째
　　　⑥ 여섯 번째　⑦ 일곱 번째　⑧ 여덟 번째　⑨ 아홉 번째　⑩ 열 번째

(1) 旗 (　　　　)　　　(2) 事 (　　　　)

 노래로 외워요!

 계절송

★〈작은 별〉노래에 맞춰 불러 보세요.

싹이 트는　봄 춘 (春)　너무 더워　여름 하(夏)

낙엽 지는　가을 추 (秋)　눈이 펑펑　겨울 동(冬)

봄 여름 가을　겨울은　춘하추동(春夏秋冬)　네 글자

32~33 쪽

1.

	①❶자	연		❷대	
		동	③❸산	천	
②수	문		림		
				❺국	
	④시			⑤화	❻초
④중	간				가

2. 하늘 천, 물건 물, 저녁 석, 매양 매,
빛 색, 올 래, 낮 오, 심을 식

3. 江 林 時 海 地 間 川 動

58~59 쪽

1. 농촌, 왼쪽, 전방, 입장

2. 들 입, 고을 읍, 뒤 후, 저자 시, 살 주

3. 아래 하, 앞 전, 바 소, 왼 좌,
오른 우, 마당 장, 안 내, 모 방

4. 出 里 市 村 上 右 主 入

84~85 쪽

1.

少 ── 적을 ── 소
祖 ── 할아비 ── 조
便 ── 편할 ── 편
命 ── 목숨 ── 명

2. 사내 남, 효도 효, 마음 심,
말씀 화, 똥오줌 변, 성 성

3. 성 성, 말씀 화, 입 구, 마음 심,
사내 남, 효도 효, 늙을 로, 손 수

4. 家 力 足 道 子 面 名 安

110~111 쪽

1.

휴식 ── 休
등교 ── 登
교가 ── 歌
수학 ── 數
천자문 ── 千
한자 ── 漢
교육 ── 育
일기 ── 記

2. 셈 산, 일백 백, 종이 지, 대답 답,
글월 문, 기를 육, 노래 가, 셈 수

3. 正 千 字 直 工 問 語 夫

136~137 쪽

1. 번개, 유명, 동생, 태극기, 봄꽃, 자동차

2.

事 ── 일 ── 사
氣 ── 기운 ── 기
夏 ── 여름 ── 하
食 ── 밥 ── 식
空 ── 빌 ── 공

3. 번개 전, 한가지 동, 있을 유, 겨울 동,
평평할 평, 살 활, 일 사, 기 기

4. 世 不 全 重 秋 車 活 立

〈기출 및 예상 문제 1~5회〉 정답

34~35 쪽

1. (1)천생 (2)지하 (3)화초 (4)매일 (5)시간 (6)운동

2. (1)물건 물 (2)저녁 석 (3)강 강 (4)사이 간 (5)빛 색 (6)낮 오 (7)내 천 (8)움직일 동 (9)수풀 림 (10)하늘 천

3. (1) ④ (2) ①

4. (1) ④ (2) ① (3) ② (4) ⑤

5. (1) ① (2) ②

6. (1) ③ (2) ②

7. (1) ⑤ (2) ⑥

60~61 쪽

1. (1)농촌 (2)오전 (3)입실 (4)좌우 (5)시장 (6)직후

2. (1)날 출 (2)주인 주 (3)고을 읍 (4)안 내 (5)윗 상 (6)모 방 (7)살 주 (8)아래 하 (9)바 소 (10)오른 우

3. (1) ④ (2) ②

4. (1) ④ (2) ① (3) ③ (4) ⑤

5. (1) ③ (2) ①

6. (1) ② (2) ①

7. (1) ⑥ (2) ④

86~87 쪽

1. (1)부족 (2)효도 (3)명중 (4)조상 (5)노소 (6)유명

2. (1)입 구 (2)마음 심 (3)힘 력 (4)이름 명 (5)사내 남 (6)편안 안 (7)아들 자 (8)할아비 조 (9)말씀 화 (10)성 성

3. (1) ② (2) ③

4. (1) ④ (2) ② (3) ① (4) ⑥

5. (1) ④ (2) ①

6. (1) ④ (2) ①

7. (1) ⑧ (2) ④

112~113 쪽

1. (1)수천 (2)공부 (3)국어 (4)휴일 (5)일기 (6)교가

2. (1)일백 백 (2)글월 문 (3)말씀 어 (4)오를 등 (5)바를 정 (6)셈 수 (7)노래 가 (8)쉴 휴 (9)말씀 화 (10)일천 천

3. (1) ④ (2) ①

4. (1) ② (2) ⑤ (3) ③ (4) ④

5. (1) ② (2) ①

6. (1) ① (2) ③

7. (1) ⑤ (2) ④

138~139 쪽

1. (1)세상 (2)식후 (3)소중 (4)동생 (5)활동 (6)불평

2. (1)인간 세 (2)한가지 동 (3)집 실 (4)무거울 중 (5)사이 간 (6)평평할 평 (7)여름 하 (8)살 활 (9)농사 농 (10)여덟 팔

3. (1) ② (2) ③

4. (1) ② (2) ⑤ (3) ③ (4) ⑥

5. (1) ② (2) ③

6. (1) ① (2) ④

7. (1) ⑧ (2) ⑥

〈모의 한자능력검정시험〉 정답

제1회

1. 화력
2. 중립
3. 연간
4. 형제
5. 생물
6. 대가
7. 교문
8. 농민
9. 기사
10. 오촌
11. 인기
12. 수화
13. 청년
14. 불효
15. 인도
16. 전방
17. 서산
18. 후기
19. 여왕
20. 인력거
21. 세상
22. 민가
23. 집 가
24. 장인 공
25. 길 도
26. 밥/먹을 식
27. 낮 오
28. 스스로 자
29. 발 족
30. 아래 하
31. 곧을 직
32. 성 성
33. 흙 토
34. 북녘 북/
    달아날 배
35. 평평할 평
36. 바다 해
37. 기운 기
38. 대답 답
39. 이름 명
40. 왼 좌
41. 남녘 남
42. 여섯 륙
43. ②
44. ④
45. ⑤
46. ⑦
47. ④
48. ③
49. ①
50. ⑨
51. ②
52. ⑥
53. ⑩
54. ⑧
55. ②
56. ④
57. ②
58. ③
59. ③
60. ⑥

제2회

1. 금색
2. 일출
3. 실내
4. 가수
5. 중간
6. 차도
7. 오후
8. 시민
9. 내일
10. 식목일
11. 학년
12. 산수
13. 토지
14. 형부
15. 공간
16. 등산
17. 서해
18. 활기
19. 공장
20. 휴지
21. 노모
22. 가전
23. 장면
24. 소유
25. 매년
26. 청춘
27. 동리
28. 직전
29. 만물
30. 평안
31. 추석
32. 선생
33. 집 가
34. 아닐 불/부
35. 긴/어른 장
36. 안 내
37. 설 립
38. 물 수
39. 수레 거/차
40. 힘 력
41. 물건 물
42. 성 성
43. 적을 소
44. 석 삼
45. 말씀 어
46. 마음 심
47. 들 입
48. 스스로 자
49. 바를 정
50. 계집 녀
51. 효도 효
52. 한수/
    한나라 한
53. ①
54. ④
55. ⑦
56. ①
57. ⑩
58. ⑤
59. ④
60. ③
61. ⑧
62. ②
63. ⑨
64. ⑥
65. ③
66. ①
67. ②
68. ④
69. ③
70. ④

제3회

1. 자동차
2. 농토
3. 오만
4. 정문
5. 전력
6. 매년
7. 시간
8. 유명
9. 전교
10. 공군
11. 출토
12. 외가
13. 정답
14. 삼월
15. 국립
16. 내일
17. 교육
18. 춘추
19. 효자
20. 한강
21. 전화
22. 자력
23. 동해
24. 수천
25. 선조
26. 공부
27. 천연
28. 식물
29. 시장
30. 면전
31. 식사
32. 기수
33. 노래 가
34. 사내 남
35. 늙을 로
36. 저녁 석
37. 입 구
38. 때 시
39. 한가지 동
40. 그럴 연
41. 봄 춘
42. 아비 부
43. 있을 유
44. 곧을 직
45. 내 천
46. 고을 읍
47. 왼 좌
48. 편할 편/
    똥오줌 변
49. 문 문
50. 무거울 중
51. 일곱 칠
52. 편안 안
53. ②
54. ③
55. ⑥
56. ④
57. ①
58. ⑤
59. ②
60. ⑩
61. ③
62. ⑨
63. ⑦
64. ⑧
65. ③
66. ②
67. ①
68. ④
69. ⑨
70. ②

찾아보기